存在とひとつに

ヴィギャン・バイラヴ・タントラ　◉タントラ秘法の書——❽

OSHO VIGYAN BHAIRAV TANTRA

市民出版社

Originally published under the title
"VIGYAN BHAIRAV TANTRA"
by OSHO

存在とひとつに◎目次

本書の原本は、インドの覚者ＯＳＨＯ（和尚・一九三一－一九九〇）によって語られた『ヴィギャン・バイラヴ・タントラ』である。これは一年以上にわたって断続的に展開された十シリーズ全八十回の講話集で、本書はそのうちの第八集八講話を収めている。

◉存在とひとつに◉

第一章

あなたはいたるところにいる

[経文]

—84—

体への同化を投げ捨て、
「私はあらゆるところにいる」と認識する。
あらゆるところにいる者は、喜び楽しむ。

—85—

何も考えないことが、制限された自己を無制限にする。

こんな話を聞いたことがある。ある老医師の話だ。ある日、助手から電話があった。緊急事態だった。患者が窒息死しかかっていた。ビリヤードの玉を喉につまらせたのだ。それで途方にくれた助手は、どうしたらいいか医師に尋ねた。老医師は「羽根でくすぐってごらん」と言った。数分後、助手がまた電話をかけてきた。躍り上がらんばかりに喜んでいた。「まったくおっしゃる通りでした。患者は笑い出して、玉を吐き出しました。でもどうして、こんなすばらしい方法を知っていたんですか」

老医は言った、「自分で作ったんだ。何をやっていいかわからなくても、とにかく何かをやる——それが私のモットーだ」

しかし、これは瞑想に関してはあてはまらない。何をしていいかわからなかったら、何もしない。マインドというものは、じつに複雑で、微妙なものだ。だから、何をしていいかわからないときには、何もしないほうがいい。知らないままにやったら、複雑さはいよいよ増すばかりで、解決はかえって遠ざかる。ときには致命的にもなる。ときによったら、自殺行為にもなる。

マインドについて何も知らなかったら……実際、あなたはマインドについて何も知らない。マインドというのは言葉でしかない。あなたはその複雑さを知らない。およそこの世に存在するものの中で、マインドほど複雑なものはない。比較を絶している。また、それはもっとも微妙なものでもある。へたをすると、壊したり、取り返しのつかないことにもなる。人間のマインドをどこまでも深く探究した結果、こうした技法ができあがったのだ。それぞれの技法は、長い実験に基づいている。

だからよくよく言っておくが、自分勝手にやったり、技法同士を混ぜこぜにしてはいけない。それぞれの技法は、機能も基礎も違っている。その終点は同じでも、手段としてはまったく違っている。ときには正反対だったりする。だから技法同士を混ぜこぜにしてはいけない。実際、何であれ混ぜこぜはいけない。技法は与えられたままに行なう。

技法を作り変えてはいけない。技法は変えられるものではない。変更したら致命的になる。また、技法を始める前に、自分がその技法を理解しているかどうか充分に注意する。もし何か疑点があって、その技法を本当には知らない場合には、やらない方がいい。なぜなら、技法はそれぞれあなたの中に革命《レボリューション》をもたらすからだ。

こうした技法は進化《エボリューション》をもたらすものではない。私の言う「進化」とはこういうことだ——もしあなたが何もせず、ただ生き続けたら、何百万年かの間に瞑想は自動的に起こる……何百万もの生の中で、進化が起こる。

時間の自然な流れの中で、あなたはある一点に到達する——そこにおいて、ブッダは革命を通じて到来する。

こうした技法は革命をもたらす。実際、こうした技法は近道だ。自然なものではない。自然はあなたを、ブッダの境地へ、悟りへと導く。あなたはいつかそれに至る。でもそれは自然次第だ。それについてはどうしようもない――ただ、苦の中で生き続けるより仕方ない。それには非常に長い時間がかかる。実際、何百万年、何百万生とかかる。

宗教とは革命的なものだ。宗教によって、その長い道程を短縮する技法が与えられる。そしてその技法によって飛躍が可能となる――数百万の生を飛び越す飛躍が。一瞬の間に何百万年分もの旅ができる。だからそれは危険だ。正しく理解していないかぎり、やってはいけない。自分勝手に、混ぜこぜにしたり、変更してはいけない。

まず第一に、技法を完全に正しく理解する。理解してから、やってみる。決してこの老医師のモットー、すなわち「何をしていいかわからないときには、何かをする」に従ってはいけない。わからないときには、何もしてはいけない。何もしない方が、何かをするより有益だ。マインドはじつに微妙なものだから、もし何か不適当なことをやったら、元に戻すのがたいへん難しい。不適当なことをするのはじつにやさしいが、元に戻すのはたいへん難しい。これを覚えておくこと。

84 体から自分自身を掘り下げる

第一の技法。

体への同化を投げ捨て、
「私はあらゆるところにいる」と認識する。
あらゆるところにいる者は、喜び楽しむ。

理解すべき点がいろいろある。第一点。

体への同化を投げ捨て、

体への同化には深いものがある。それは当然だといえるし、自然なことだ。あなたは何生も何生も体の中に生きてきた――そもそもの最初から……。体は次々に変わるが、あなたはいつも体と一緒だった。いつも肉体があった。

肉体のないときもあったが、そのときには意識がなかった。死んで体から離れるときには、無意識状態で死に、そのままずっと無意識の状態にある。それから新しい体へと生まれるが、そのときもまた無意識だ。死から誕生への間は無意識的だ。だからあなたは、肉体のない自分がどう感じるか知らない――体の中にいないとき、自分が誰なのか知らない。あなたはただひとつの現象、つまり「肉体化」しか知らない。あなたが自分自身について知るのは、つねに体の中にいるときだけだった。

それがあまりに長く続いてきたため、「自分と体は別物だ」ということを忘れてしまった。これはひとつの健忘症だ――それは自然なものであり、この状況下では当然ともいえる。それでこの同化が生まれる。あなたは自分のことを体だと思う。それがこの同化だ。あなたは自分のことを体以外のものではないと思う……体以上のものではないと思う。おそらくあなたは「それは違う」と言うだろう。なぜならあなたは今まで何度も、「自分は体ではない。自分は魂だ、自己だ」と考えてきたからだ。でもこれはあなた自身の「知」ではない。たんに、聞いたこと、読んだことであり、やみくもに信じ込んでいるだけだ。

実際あなたの知っていることは、「自分は体だ」ということだ。このことをまず認識する必要がある。自分を欺いてはいけない。欺瞞は役に立たない。もしあなたが「私は体ではない。そんなことはとっくに知っている」と考えていたら、体への同化は捨てられない。なぜなら、あなたにとっては同化がまったく存在していないからだ。あなたはもう知っている。そうすると解決できない問題がいろいろ生じてくる。問題は始めのところで解決するものだ。始めを逃してしまったら、けっして解決できなくなる。再び始めに戻ってくるしかない。だからこれをよく肝に銘じ、認識することだ――「私は自分を体としてしか知らない」。これが第一の基本的な認識だ。

この認識が欠けている。あなたのマインドは伝聞によって覆いつくされている。あなたのマインドは他人の知識によって動いている。それは借物であり、真のものではない。べつにそれが偽りだというわけではない。それを語った人はそれを知っている。しかしあなたにとっては、それが自分の体験とならないかぎり、偽りだ。だから、私が「これこれは偽りだ」というとき、それは「あなた自身の体験ではない」という意味だ。他人にとっては真実かもしれないが、あなたにとっては真実ではない。この意味で真実とは個別的なものだ。すなわち、真実が真実であるのは体験した人にとってだけであり、体験していない人にとっては非真実だ。普遍的な真実というものはない。すべての真実は、真実となるとき、必ず個別的なものとなる。

「自分は体ではない」とあなたは知り、耳にしているが、それはあなたの知識の一部であり、相続物の一部だ――しかし、それはあなたにとって真ではない。だからまず、この偽りの知識を捨て去る。そして「私は自分を体としてしか知らない」という事実に面と向かう。するとあなたの中に大きな緊張が現れるだろう。こうした知識の収集も、じつはその緊張を隠すためだった。「自分は体ではない」と信じ続けながら、体として生き続ける――それによってあなたは分裂する。そしてあなたの存在全体は、真ならざるもの、偽物となる。

実際これは偏執狂的な状態だ。体として生きながら、魂について考え、語る。そこに生じるのは軋轢《あつれき》と葛藤だ。その橋渡しできない内的な不安と、深い憂いは、あなたにとって逃れようのないものだ。だからまずこの事実に面と向かう――「魂について、自己について、私は何も知らない。知っているのは、体についてだけだ」

それによって自分の内側に、ひどく不安定な状態が現れる。隠されていたものすべてが、表面上に出てくる。「自分は体だ」という事実を認識すると、あなたは文字どおり冷汗をかき始める。「自分は体だ」という事実を認識すると、ひどく不安定でぎこちない感覚が現れる。でもまずこの感覚を必ず通り抜けることだ。そうして初めて、体への同化というものがわかる。

世の教師たちはいつも「体に同化してはいけない」と説く。ところがあなたには、そもそもの基本物、つまり体への同化というものがわからない。体への同化とは、自分と体との深い同一視だ。まず、この同一視とは何かを認識する。そのためにはまず自分の知識をすべて除去することだ――「自分は魂だ」という偽りの感覚をもたらす知識のすべてを……。そして、「自分の知っているのはただひとつ、体についてだけだ」、と認識する。

それによってなぜ、内側に隠された不安と隠された地獄が現れるのか。

「自分は体だ」と認識して初めて、この同化が認識される。そうして初めて、「生まれそして死ぬこの体こそが自分だ」という事実が、意識の中で把握できる。そうして初めて、「この骨、この血こそが自分だ」という事実が認識される。そうして初めて、「このセックス、この怒りこそが自分だ」という事実が認識される。かくして偽りのイメージがすべて落ちる。そしてあなたは真実となる。

真実とはつらいものだ。じつにつらい。だからこそ私たちはそれを隠し続ける。それは深いトリックだ。あなたは自分のことをひたすら自己《セルフ》だと考え続け、自分の嫌いなものはすべて体に押しつける。かくして、「セックスは体のもの、愛は自分のもの」という具合になる。あるいはまた、「貪欲と怒りは体のもの、慈悲は自分のもの」、あるいは「慈悲は自己のもの、残虐は体のもの」、「宥《ゆる》しは自己のもの、怒りは体のもの」という具合に、何でも「悪い、醜い」と感じられるものは体に押しつけ、「すばらしい」と感じられるものには進んで同化する。かくして分裂が生じる。

こうした分裂があると、同化とは何かがわからなくなる。そして同化がわからないかぎり、また、その苦悩やその地獄を経験しないかぎり、それを取り去ることは不可能だ。どうして取り去ることができるだろう。何かを取り去るには、それを病気だと知り、重荷だと知り、地獄だと知る必要がある。そうして初めて取り去ることができる。

あなたの場合はまだ、同化が地獄だとは認識されていない。ブッダやマハヴィーラが何を言おうと関係ない。いくら彼らが「同化は地獄だ」と言おうが、それはあなたの感覚ではない。だからこそあなたは何度も何度も尋ねるのだ——どうやって分離するか、どうやって同化を去るか、どうやって同化を超越するか……。「どうやって」と尋ねるのは、同化というものを知らないからだ。同化というものを知っていたら、ただそこから飛び出すのみだ。「どうやって」などと尋ねたりしない。

もし自分の家が火事だったら、「どうやって外に出るか」と人に尋ねたり、導師を探しまわったりはしない。家が火事だったら、ただ外に出るのみだ。一刻一秒さえ無駄にしない。教師を探しに行ったり、文献をあたったりしない。どの道筋を通って外に出ようか、どんな手段をとろうか、どの扉が適当か、などと考えたりしない。家が火事だったら、そんなことはどうでもいい。同化を知るということ、それは家が火事だということだ。そうすれば取り去ることができる。

この技法に入るにあたって、まず必要なことは、体への同化を全面的に露《あらわ》にし、自己という偽りの知識を捨て去ることだ。それはたいへん難しい。それに直面することは、深い不安と苦悩を伴う。それは生やさしいことではない、骨折りだ。でもいったんそれに直面したら、それは取り除かれる。「どうやって」と尋ねる必要はない。それはまったくもって、火事であり、地獄だ。あなたはそこから飛び出る。

スートラは言う、

体への同化を投げ捨て、「私はあらゆるところにいる」と認識する。

同化を捨て去ると、「自分はあらゆるところにいる」という認識が生じる。「自分は体によって制限されている」と感じるのは、この同化のせいだ。その制限は、体によるものではなく、体への同化によるものだ。あなたと真実との間に隔たりを設けているのは、体ではなく、体への同化だ。同化がもはやないことを知れば、あなたにとって体はなくなる。むしろ、〈存在〉全体があなたの体となる。あなたの体は全〈存在〉の一部分となる。もはや分離はない。

実際、体とはまさにあなたのもとにやってきた〈存在〉であり、あなたに到来した〈存在〉だ。それは実際、あなたにとってもっとも近い〈存在〉であり、そして〈存在〉はずっと拡がっていく。体とは〈存在〉のもっとも近い一隅であり、そして〈存在〉全体はそこからずっと拡がっている。いったん同化がなくなったら、あなたにとって体はなくなる。あるいは、〈存在〉全体があなたの体となる。あなたはあらゆるところにいる。

体があると、あなたはどこかにいる。体がないと、あなたはあらゆるところにいる。体はあなたを一定の場所に限定する。体がなければ、限定もなくなる。だからこそ知者たちは「体は牢獄だ」と言うのだ。べつに体が牢獄だということではない――実際には同化こそが牢獄なのだ。あなたの目の焦点がもはや体の上になくなったとき、あなたはあらゆるところにいる。

これは一見すると不条理だ。体の中にあるマインドから見れば、これはまさに不条理であり、戯言《たわごと》だ――どうして人があらゆるところに存在できるだろう。でもブッダから見れば、私たちの言う「私はここにいる」という言葉は、まさに戯言だ。どうして人がどこかに存在できるだろう。意識とは空間概念ではない。たとえば、目を閉じて、自分が体の中のどこにいるか突き止めようとしても、あなたはただ途方に暮れるばかりだ。けっして突き止められはしない。

この世のいろんな宗教や教派は、昔から「あなたは臍のところにいる」と説いてきた。また、「あなたはハートにいる」と説く一派や、「頭にいる」と説く一派もある。それぞれの宗派によって、こちらの中心《センター》、あちらの中心と様々だが、シヴァは「あなたはどこにもいない」と言う。だからこそ、目を閉じて自分がどこにいるか突き止めようとしても、突き止めることができないのだ。あなたは在る、でもあなたに「どこ」はない。あなたはただ在る。

深く眠っているとき、体は意識されない。あなたは在る。朝になるとあなたは言う、「眠りはとても深かった、とても気持ちよかった」。つまり、眠りがじつに気持ちいいことには気づいていたが、体には気づいていないわけだ。深く眠っているとき、いったいあなたはどこにいるか。死んだら、あなたはどこへ行くか。人々は、いつもこんなふうに尋ねる――人は死ぬとどこへ行くか……。でもこの質問は不条理で馬鹿げている。これは私たちの肉体化した意識のせいだ。私たちは自分がどこかに居ると考えている、だから、死んだらどこへ行くかと尋ねる。どこでもない。死んだ人間はどこかに居るわけではない。それだけだ。死んだ人間は空間に限定されない。それだけだ。でも限定されることを望む者は、再び限定される。その欲求によって新たな限定へと導かれる。でも体の中にいないとき、あなたはどこにもいない、あるいは、あらゆるところにいる。どちらの表現を選ぶかはあなたしだいだ。

もしブッダに尋ねれば、きっと「あなたはどこにもいない」と言うだろう。だからこそ、彼はニルヴァーナ(涅槃)という言葉を選んだのだ。ニルヴァーナとは、「あなたはどこにもいない」ということだ。ちょうど消えてしまった炎のようなものだ――どうしてその炎の行方がわかるだろう。ブッダいわく、その炎はどこにもない。炎はただ存在するのをやめた。ブッダは否定的用語を使う――「どこにもない」。これこそニルヴァーナの意味だ。体と同化していない人間は、ニルヴァーナの中にある。彼はどこにもいない。

シヴァは肯定的用語を使う――「あらゆるところにいる」と。どちらの用語も意味は同じだ。あらゆるところにいる人間は、ひとところにはいない。「あなたはあらゆるところにいる」と言えば、「あなたはどこにもいない」と言うのもほとんど同然だ。

でも私たちは体と同化し、「自分は限定されている」と感じている。この限定はマインドの行為であり、自分でやっているものだ。またこの限定は体にかぎらず何でもいい。たとえば高価なダイヤモンドを持っている人間がいる。彼はそのダイヤに自分自身を限定する。もしそのダイヤが盗まれたら、自殺するかもしれないし、発狂するかもしれない。これはいったいどういうことか。ダイヤなど持っていない人はたくさんいる。ダイヤがないからといって、誰も、自殺したり、不自由を感じたりしない。それなのに、いったいどうしたことか。

彼もかつては、ダイヤを持っていなかった。そしてべつに何の問題もなかった。今また、彼はダイヤを持っていない。でもそれが問題となる。この問題はどうして生じたのだろうか。それは彼自身から生じた。今、彼は同化し、限定している。ダイヤが彼の体となっている。もはやそれなしでは生きられない。それなしで生きるのは不可能だ。

何かと同化するとき、つねにそれは新たな牢獄となる。これこそ、私たちが日常していることだ。私たちは、次から次へと束縛を生み出し、牢屋をどんどん拡張して、そこに住む。その牢屋はいつも飾りたてられているから、だんだん家のように見えてきて、しまいにそれが牢屋であることをすっかり忘れてしまう。

スートラいわく、もし体への同化を捨てれば、「私はあらゆるところにいる」という認識が起こる。それは大海のような感覚だ。そのとき意識は場所を定めずに存在する。意識はどこにもつながらずに存在する。あなたはまさに空のようになる――あらゆるものを包み込み、すべては自分自身の中にある。あなたの意識は、無限の可能性へと拡がる。そこでスートラは言う、

あらゆるところにいる者は、喜び楽しむ。

ひとところに限定されるのは苦だ。あなたはつねに、その限定されている場所より大きい。これこそが苦だ。それはあたかも自分自身を小さな鉢の中に押し込んでいるようなものであり、大海を小さな壷の中に押し込むようなものだ。すると苦は必至だ。これこそが苦だ。この苦が感じられると、つねに、悟りへの探求、ブラフマへの探求が生じる。ブラフマとは「無限なるもの」を

意味する。モクシャ(解脱)の探求とは自由の探求を意味する。限定された体の中にいたら、あなたは自由になれない。どこか(somewhere)にいると、あなたは奴隷だ。どこにもいない(nowhere)と、あるいはあらゆるところ(everywhere)にいると、あなたは自由になれる。

人間というものは、どの方面においても、つねに自由を求めている。政治的なものであれ、経済的なものであれ、心理学的なものであれ、宗教的なものであれ、人間はつねに自由を模索している。まさに自由こそもっとも深い必要物であるかのようだ。障害、隷属、制限といったものに出会うと、つねに人間はそれに対して闘いを挑む。人類の歴史全体は、自由への闘いだ。

それぞれに次元は違っているだろう。マルクスやレーニンのような人間は経済的自由のために闘い、ガンディーやリンカーンのような人間は政治的自由のために闘う。そして隷属というものは何千何万と存在するから、闘いの種は尽きない。でもひとつのことは確実だ——どこか深いところで、いつも人間はもっと自由になりたいと思っている。

シヴァによると、そして、あらゆる宗教によると、政治的に自由になっても葛藤は止まない。それはたんに一種類の隷属からの自由であるだけで、まだ別種の隷属が存在している。政治的隷属から自由になると、今度は別種の隷属に気づくようになる。経済的隷属が終わっても、また別の隷属に気づく——性的隷属とか心理的隷属とか。

この葛藤が終了するのは、「自分はあらゆるところにいる」と気づいて始めてだ。「自分はあらゆるところにいる」と感じるとき、自由は達成される。

この自由は、政治的なものでもなければ、経済的なものでも、社会学的なものでもない。この自由は〈存在〉的なものだ。この自由は全面的なものだ。だからこそ私たちはこれを、モクシャ、「全面的な自由」と呼ぶのだ。そうして初めてあなたは喜び楽しむ。歓喜とか至福が可能なのは、全面的に自由であるときだけだ。

実際、全面的な自由とは歓喜を意味する。その歓喜は結果ではなく、そのできごとそのものだ。全面的に自由な人間は、喜び楽しみ、至福に満ちている。この至福は結果として生じるものではない。自由こそが至福であり、隷属こそが苦だ。

いつでもどこでも、「自分は制限されている」と感じるとき、あなたは苦の中にいる。制限されていないと感じるとき、苦は消え失せる。だから苦が存在するのは障壁の中であり、至福が存在するのは無障壁の国土、無障壁の〈存在〉の中だ。

この自由を感じるとき、つねに歓喜はあなたに起こる。現状においてさえ、何らかの自由を感じるとき、たとえそれが全面的なものでなくとも、歓喜はあなたにやってくる。

たとえば誰かと恋に落ちる。すると何らかの歓喜や至福が起こる。なぜそれが起こるのか。じつのところ、誰かと恋に落ちているときには、体への同化が捨てられる。深い意味では、相手の体が自分の体になる。もはやあなたは自分ひとりの体に限定されない。他人の体が自分の体になり、自分の家となり、自分の住まいとなる。そこに自由が感じられる。あなたは相手の中へ入っていき、相手はあなたの中へ入っていく。障壁は部分的に崩される。そしてあなたは以前より大きくなる。

誰かを愛したら、あなたは今までより大きくなる。あなたの存在は増大し、拡張する。あなたの意識は今までほど限定されていない。意識は新たな領域に到達している。愛の中では自由が感じられるが、しかし、それは全面的なものではない。やがて再び制限が感じられるようになる。拡張したとは感じられるが、依然として有限だ。だから真に愛する者たちは、やがて必ず祈りの中に入る。

祈りとは、より大いなる愛だ。祈りとは、〈存在〉全体との愛だ。今やその秘密はあなたの手中にある。その鍵は、秘密の鍵は、あなたの手中にある――あなたは誰かを愛した。そして誰かを愛したとき、その扉は開き、障壁は溶け去る。そして少なくともひとり分だけ、あなたの存在は拡張し、増大する。今や秘密の鍵は手中にある。もし〈存在〉全体との愛に落ちたら、あなたはもはや体ではなくなる。

深い愛の中で、あなたは「無身体」になる。もし誰かを愛したら、あなたは自分のことを体だとは感じない。でも、愛されていないとき、誰かを愛していないとき、「自分は体だ」という感覚は増し、体はもっと意識されるようになる。体は重荷となり、担っていくものとなる。でも愛されているとき、体は重量を失う。愛し愛されているとき、重力はまるで無くなったかのようだ。そしてあなたは実際、舞い踊り、飛翔する。ある深い意味で、体はもはやない。しかしそれはまだ限定されている。その同じことが、〈存在〉全体との愛の中でも起こる。

愛の中では、歓喜がやってくる。それは快楽ではない。歓喜というのは快楽ではない。快楽とは官能を通じてやってくるものであり、歓喜は非官能性を通じてやってくる。快楽は体を通じてやってくるが、歓喜はあなたが体でないときにやってくる。

体が消え去った瞬間、あなたはただの意識となる。そうして歓喜がやってくる。快楽が起こるのはあなたが体であるときだ。快楽はつねに体を通じてだ。痛みと快楽は体を通じて現れる。歓喜はあなたが体でないときしか現れない。

これは日常においても偶然に起こる。たとえば、音楽を聴いているとき、突然重力が消え去る。音楽の中にひたりこみ、体を忘れてしまう。あなたは音楽に満たされ、音楽とひとつになる——もはや聴き手はいない。「聴き手」と「聴かれるもの」はひとつになり、音楽だけがある。あなたはもういない。あなたは拡張している。今やあなたは音の調《しら》べとともに浮かんでいる。もうあなたに限界はない。音の調べは静寂の中に溶け去っていき、それとともに、あなたもまた静寂の中に溶け去っていく。体は忘れ去られている。

体が忘れ去られるというのは、知らないうちに無意識的に体が投げ捨てられることだ。そうして歓喜が起こる。タントラやヨガは、それを系統だててやる。もはや偶然のものではない。あなたはその主人となる。もはやたんなる出来事ではない。あなたの手許には鍵があり、望むときにはいつでも扉を開けられる。あるいは、未来永劫にわたって扉を開け、鍵を捨ててしまってもいい。再び扉を閉める必要はない。

歓喜は日々の生活の中でも起こる。でも、どんな具合に起こるのかあなたは知らない。それが起こるのはつねに、あなたが体でないときだ。そこが大事だ。だから今度、歓喜を感じるようなときがあったら、そのとき、はたして自分が体であるのかどうかを確かめてごらん。きっと体ではないだろう。歓喜のあるところ、体はない。べつに体が消え失せるわけではない。体はそのままだ。でも同化がない。もはや体に同化すること、体につながれるということがない。あなたはそこから飛び出している。

体から飛び出すのは、音楽のせいかもしれないし、美しい日の出のせいかもしれないし、子供の笑顔のせいかもしれないし、恋愛のせいかもしれない。その原因が何であれ、そのときあなたは体から飛び出ている。体はそこにある。でも捨て去られている……もはや同化はない。あなたは飛翔している。

この技法を通じて次のことがわかる。あらゆるところにいる人には、苦は決してない、彼は喜び楽しむ、彼は歓喜そのものだ。限定されればされるほど、苦は大きくなる。要は自分の境界線を拡張し、押しやり、いつでも可能なときに体から抜け出ることだ。たとえば、空を見つめる、すると雲が浮かんでいる。そうしたら、体を地上に残し、雲とともに動いてみる。月があったら、月とともに動く。体を忘却できるような機会があったら、それを逃さず旅に出る。そうすれば、体の外に出るということに慣れ親しめるようになる。

これはたんに注意の問題だ。同化は注意の問題だ。体に注意を払うということは、同化しているということだ。その注意が離れ去ったら、もはや同化はなくなる。

たとえば、あなたが運動場でホッケーなりバレーボールをしているとする。それに夢中になっているとき、あなたの注意は体にない。誰かに足を蹴られて血が出ても気づかない。痛みはそこにある、でもあなたはいない。血が流れ出している、でもあなたは体の外にいる。あなたの意識、あなたの注意は、ボールと一緒に飛び、ボールと一緒に走っている。その注意は余所《よそ》にある。試合が終わると、突如あなたは体に戻ってくる。血が出ていて、痛みを感じる。そして、なぜこうなったのか自問する――いつ、どうしてこうなったのか、なぜ自分は気づかなかったのか――。

体の中にいるときには、どうしても注意は体に向けられる。だから覚えておくように――あなたは自分の注意の向かうところに存在する。もし注意が雲にあったら、あなたはそこにいる。もし注意が花にあったら、あなたはそこにいる。もし注意が金銭にあったら、あなたはそこにいる。あなたの注意は、あなたの存在だ。そしてもし注意がどこにもなかったら、あなたはあらゆるところにいる。

だから、そもそも瞑想の働きとは、注意がどこにもない状態、注意の対象のない意識状態に入ることだ。注意の対象がなかったら、あなたに体は存在しない。あなたの注意こそが体を創り出すのだ。あなたの注意こそがあなたの体だ。

そして注意がどこにもないとき、あなたはあらゆるところにいる。そして歓喜があなたに起こる。いや、その言い方は正しくない――あなたが歓喜だ。もはやそれはあなたから離れない。それはあなたの存在そのものだ。自由とは歓喜だ。だからこそ、これほど大きな自由への渇望が存在するのだ。

85 何も考えない

第二の技法、

何も考えないことが、
制限された自己を無制限にする。

これこそ私の語っていたことだ。もし注意の対象が存在しなかったら、あなたはどこにもいない、あるいは、あらゆるところにいる。あなたは自由だ。あなたは「自由」そのものになる。
この第二のスートラは言う、

何も考えないことが、制限された自己を無制限にする。

もし考えていなければ、あなたは無制限だ。思考は制限をもたらす。そして制限には様々な形態がある。たとえば、ヒンドゥー教徒である人間がいたとしたら、それもひとつの制限だ。ヒンドゥー教徒だということは、一定の思考、体系、様式へ同化することだ。またキリスト教徒だということもまた、ひとつの制限だ。宗教的な人間は、決してヒンドゥー教徒でもキリスト教徒でもない。またヒンドゥー教徒なりキリスト教徒なりである人間は、宗教的ではない。それは不可能だ。なぜならそれはひとつの思考だからだ。そもそも、宗教的な人間には思考がない――いかなる思考や、体系や、様式にも限定されず、マインドに限定されず、無限定に生きる。

思考を抱いていると、その思考が壁となる。いかに美しい思考だったとしても、壁であることに変わりはない。美しい牢獄もやはり牢獄だ。たとえ黄金の思考だったとしても、何ら変わるところはない。牢獄である点ではまったく同じだ。また、何かの思考を抱き、それに同化すると、つねに誰かに敵対するようになる。誰かに敵対することがなければ、壁は存在しない。思考とはつねに偏見だ。つねに選《よ》り好みをする。

こんな話がある。たいへん信心深いキリスト教徒だった貧しい農夫の話だ。彼はフレンド派に属していた――クエーカー教徒だった。クエーカー教徒は非暴力だ。その宗旨は愛であり、友愛だった。さてある日、彼はラバに荷車を引かせて、とある街から自分の村へ帰る途中だった。ところが突然、べつに何の理由もないのに、ラバは停止し、いっこうに動こうとしない。そこで農夫は、キリスト教的なやりかたでラバをなだめすかした。たいへん友好的なやりかたで、非暴力的なやりかたで、なだめすかした。彼はクエーカー教徒だったから、ラバを打つわけにはいかなかった。きびしい言葉を使ったり、罵倒したり、叱りつけたりはできなかった。でも怒っていた。さて、どうやってラバを打ったらいいか。

彼はラバを打ちたかった。そこでラバに言った、「言うことを聞きなさい。私はクエーカー教徒だから、打ったりとか、叱ったりとか、手荒なことはできない。でもラバよ、お前は売られてもいいのかい、非キリスト教徒に」

キリスト教徒にはキリスト教徒の世界がある——非キリスト教徒はその逆だというわけだ。キリスト教徒にとっては、非キリスト教徒が神の王国に入るなんてとんでもない。またヒンドゥー教徒やジャイナ教徒にとって、異教徒が至福の領域に入るなんて、とんでもない。思考は制限や壁や境界を生み出し、その立場に与《くみ》しない人間をみな敵と見なす。私に同意しない人間は私の敵だ——。

だとしたら、どうして「あらゆるところにいる」ことができるだろう。「キリスト教徒となら一緒にいられるが、非キリスト教徒はだめだ」とか、「ヒンドゥー教徒ならいいが、非ヒンドゥー教徒、イスラム教徒はだめだ」とか……。思考は必ずどこかで敵対する——誰かに、あるいは何かに敵対する。決して全面的ではない。思考というものは、決して全面的ではない。全面的になれるのは無思考だけだ。

第二点。思考はつねにマインドに由来する。つねにマインドの副産物だ。それはあなたの姿勢であり、ドグマであり偏見であり、反応であり、定式であり、概念であり、哲学であって、〈存在〉そのものではない。〈存在〉についてのものではあるが、〈存在〉そのものではない。

花が咲いている。その花について、何かを語ることはできるだろうが、それは思考だ。「それは美しい」と言うこともできるし、「醜い」と言うこともできるし、「神々しい」と言うこともできるだろう、でも、その花について何を語ろうが、それはその花そのものではない。花はあなたの思考なしに存在する。もしその花について考えたら、自分とその花との間に壁を生み出すことになる。

その花はあなたの思考を必要としない。花は存在する。思考さえ落とせば、自分自身を花の中へ落とすことができる。一本のバラの花について語ることは、すべて無意味だ。いかに意味ありげに見えても、それは無意味だ。言葉は必要ない。それは花に何の存在も加えない。たんに自分と花の間に幕を生み出すのみだ……制限を生み出すのみだ。だから思考が存在するとき、つねにあなたは遮断されている。〈存在〉への扉は閉ざされている。

スートラいわく、

何も考えないことが、制限された自己を無制限にする。

もしあなたが考えなかったら、もしあなたがただ在れば——どこまでも気づき、覚醒し、思考の雲なしにただ在れば、あなたは無制限だ。体とは、たんにこの体だけではない。もっと深い体がある。それはマインドだ。体は物質によって構成されているが、マインドもまた物質によって構成されている——より微妙で、繊細な物質によって。体とは外的な層であり、マインドとは内的な層だ。体から分離するのはたやすい。しかしマインドから分離するのはもっと難しい。あなたはマインドに関して、体以上に「これこそ自分自身だ」と感じている。

もし誰かに「あなたの体は病んでいるようだ」と言われても、さして気にはさわらない。あなたは体とそれほど同化してはいない。多少の距離がある。でも誰かに「あなたのマインドは病んでいるようだ」と言われたら、これは気にさわる。侮辱だ。あなたにとってはマインドの方が身近だ。誰かに自分の体について言われても、それはまだ許せる。でもマインドについて言われたら、とても許せない。なぜなら、もっと深いところを刺されるからだ。

マインドとは体の内側の層だ。マインドと体は別物ではない。体の外側の層が体であり、内側の層がマインドだ。ちょうど家のようなものだ。家は、外から見ることもできれば、内から見ることもできる。外から見れば、壁という外側の層が見える。内から見れば、内側の層が見える。マインドとは人の内側の層だ。体より身近だが、体であることには変わりない。

死によって、外側の体は落ちる。しかし内側の微妙な層はそのままだ。マインドに対する同化があまりに大きいから、死でさえもそれを引き離せない。マインドはそのままだ。だからこそ過去生が読み取れるのだ。あなたのもとには、かつて自分が持っていたマインドがすべてある。たとえば、かつて犬であったことがあれば、その犬のマインドは今もあなたのもとにある。かつて木であったことがあれば、その木のマインドは今もあなたのもとにある。かつて女なり男であったことがあれば、あなたにはそのマインドがある。あらゆるマインドは自分のもとにある。マインドとの同化があまりに大きいから、あなたは決してそれを手放さない。

死によって、外側は溶け去るが、内側はそのままだ。内側は非常に微妙な物質だ。実際、それはエネルギーの波動、想念波動だ。あなたはそれを携え、その思考様式に従って、新しい体に入る。その思考様式、欲求様式、そのマインドに従って、再び自分自身に新しい体を創り上げる。その青写真がマインドの中にあって、外側の層が再び寄り集まる。

第一のスートラは体を取り除《の》けるものだ。第二のスートラは、マインドを、内側の体を、取り除けるものだ。死でさえそれを分離できない。瞑想だけが分離できる。だからこそ瞑想は大いなる死なのだ。瞑想は深い外科術だ。死よりも深い。だからこそ、大きな恐怖があるのだ。人々は絶えず瞑想について語るが、決して実行しようとしない。人々は瞑想について語ったり、あるいは、瞑想について書いたり、説教したりするが、決して実行しようとしない。瞑想には深い恐怖がまとわりついている。その恐怖は死の恐怖だ。

瞑想する人々は、やがてある日、恐くなって、頓挫《とんざ》してしまう。そうして私のところへやって来て、「もうこれ以上は進めません」と言う。やがてある時、死んでしまうように感じられる。それはいかなる死よりも深い死だ。なぜなら最奥のものが、まさに分離しようとしているからだ。もっとも内側の自己同化が砕かれようとしている。まるで自分が死んでしまうかのようだ……自分が無存在の中へ入っていくかのようだ。

深い奈落が、無限の空虚が、口を開いている。人は恐れおののき、引き返して体にしがみつこうとする、そして放り投げられまいとする。足下の地面は動き、まさに消失しようとしている。谷が、無が、口を開いている。

だから人々は、たとえ実行したところで、表面的にしか実行しない。瞑想と遊ぶだけだ。無意識の中で、「もし深く進んだら、自分はもはやいなくなる」と知っている。その通りだ。その恐怖は本当だ――あなたは二度と、あなた自身ではなくなる。ひとたび深淵を、シュンニャを、空を知ったら、あなたは二度と同じではない。

あなたは戻ってくる。でも復活している。新しい人間となっている。古いものは消え去っている。どこに消え去ったか、痕跡すら見い出せない。その「古いもの」とはマインドとの同化だ。もはやマインドと同化することはあり得ない。マインドを使うことはできる、体を使うことはできる、しかし、そのどちらも道具となり、あなたはその上にいる。何でもすることはできるが、それと同化することはない。それによって自由がもたらされる。それが起こるのは、「何も考えていない」ときだけだ。

「何も考えない（何物でもないものを考える――thinking no thing）」――これはたいへん逆説的だ。何かについて考えることならできる。でもどうして「何物でもないもの（no thing）」が考えられるだろう。この「何物でもないもの」とは何か。また、どうしたらそれについて考えられるか。何かについて考えるとき、その「何か」はつねに「物」となり、対象となり、思考となる。思考とは物だ。どうして「何物でもないもの」が考えられるだろう。それは不可能だ。でも、まさにその努力の中で……「何物でもないもの」を考えようとするその努力の中で、思考はなくなる。思考は溶け去る。

禅の公案について聞いたことがあるだろうか。禅師が修行者に対し不条理な難問を与えて、考えさせる。そもそも、それは考えられるたぐいのものではない。思考を停止させるために、わざと与えるものだ。たとえば、修行者はこう言われる、「自分の本来の顔を見つけてこい。自分が生まれる前に持っていた顔だ。今持っている顔については考えるな。生まれる前に持っていた顔を考えろ」

どうしてそんなものが考えられるだろう。生まれる前に顔などなかった。顔は誕生とともに現れる。顔は体の一部分だ。あなたには顔がない。顔があるのは体だけだ。目を閉じれば、あなたに顔はない。自分の顔を知るのは鏡を通してだ。自分の顔は自分では見たことがないし、見ることもできない。だとしたら、どうして本来の顔について考えられるだろう。でもやってみるといい。その努力そのものが役に立つ。

修行者はがんばる――でもそれは不可能だ。師のところへ何度も何度も通い、「これが本来の顔ですか」と尋ねる。そして師は、弟子が尋ねる前に、こう言う、「だめだ。何を持ってこようがだめだ」

何ヵ月にもわたって、修行者は何度も何度も足を運ぶ。何かを見つけ、何かを想像し、そして「その顔」を見る――「本来の顔とはこんなものですか」。すると師は言う、「だめだ」。何度通っても「だめ」と言われ、修行者はますます途方に暮れていく。考えることができなくなる。彼はあくまでもがんばり、そして失敗する。この失敗こそが根本だ。ある日、彼は完全な失敗に至る。その完全な失敗によって、あらゆる思考は停止し、「本来の顔は考えられない」と認識される。思考は停止する。

そしてこの最後のことが修行者に起こると、師のもとにやって来たとき、師はこう言う、「それでいい。それが本来の顔だ」。その目は空っぽになっている。彼が師のもとにやって来たのは、何かを言うためではない。ただ師のそばに身を寄せただけだ。彼はどんな答えも見い出さなかった。何の答えもなかった。彼は初めて、何の答えもなく、師のもとにやって来た。もはや何の答えもない。ただ静かにやって来た。

かつて彼はいつも答えを持ってやって来た。マインドがそこにあり、思考がそこにあった。そしてその思考によって制限されていた。何らかの顔を見つけたり想像したりして、その顔によって制限されていた。でも今、彼は本来のものになった。もはや制限はない。もはや彼には、顔も、観念も、思考もない。彼はマインドなしにやって来た。これこそ無心の状態だ。

この無心の状態では、制限された自己が無制限になる。制限は溶け去る。突然、あなたはあらゆるところにいる。突然、あなたはあらゆる者となる。突然、あなたは木の中に存在する――また、石の中に、空の中に、友の中に、敵の中に存在する。突然、あなたはあらゆるところにいる。

〈存在〉全体は、まさに鏡となる。あなたはあらゆるところで、鏡に映し出される。この状態こそが、至福の状態だ。もはや何物にも乱されない。なぜなら、自分のほかには何も存在しないからだ。もはやあなたを破壊するものはない。あなたのほかには何も存在しない。もはや死は存在しない。なぜなら、死の中においてさえあなたは存在するからだ。もはや何物もあなたに敵対しない。あなたはただ独《ひと》り存在する。

この「独存《ひとりであること》」を、マハヴィーラは「カイヴァリヤ」と呼んだ。それは全面的にひとりだという意味だ。なぜひとりなのか。それは、いっさいが自分の中に包含され、吸収されるからだ。いっさいが自分になる。この状態は二通りに表現できる。ひとつはこうだ――「ただ私だけがある。アハーム・ブラフマースミ――私は神だ、神的存在だ、すべてだ。いっさいは私のもとへやってきた。あらゆる川は私の大海に消え失せた。私はただひとり存在する。ほかの何ものも存在しない」。スーフィーの神秘家たちはこのように言った。

ところがイスラム教徒たちには、なぜスーフィー行者がそんなことを言ったのかまったく理解できなかった。あるスーフィー行者は言った、「神はない。ただひとり私だけが存在する」、あるいは「私は神だ」――。この言い方は、分離が消失したことについての肯定的な言い方だ。

ブッダは否定的な言い方をする。いわく、「私はもはやない。何ものも存在しない」

どちらも真だ。なぜなら、いっさいが自分の中に包含されていたら、自分自身を「私」と呼ぶ意味がないからだ。この「私」はつねに「あなた」に対立する。「私」はつねに「汝」に対立する。「あなた」との関連においてなら、「私」にも意味がある。でも「あなた」が存在しなかったら、「私」は無意味になる。だからこそブッダは「私はない、何も存在しない」と言ったのだ。だから、いっさいが自分になるか、あるいは、自分が非存在となっていっさいの中に溶け去るかのどちらかだ。

どちらの表現も真だ。もちろん、全面的に真である表現というものはない。だからこそ、反対の表現もまた真となる。あらゆる表現は部分的なものだ。だからこそ、反対の表現もまた真となる――それもまた部分的なものだ。あなたの語ることが真であったとしても、その反対もまた真であるかもしれない……その正反対がだ。実際、それは必然だ。なぜなら、どんな表現も部分的でしかないからだ。

表現には二種類ある。肯定的表現を選ぶこともできれば、否定的表現を選ぶこともできる。もし肯定表現を選べば、否定表現は誤りであるように思える。でもそれは違う。それは補完的なものだ。真の意味で対立しているのではない。だから、ブラフマすなわち「全体」と言おうが、ニルヴァーナすなわち「無」と言おうが、どちらも同じだ。どちらも同じ体験を指し示している。そしてその体験とは……。何も考えないとき、あなたはそれを知るに至る。

この技法について、理解すべき基本点がいくつかある。ひとつ。考えることによって、あなたは〈存在〉から分離する。思考とは、触れ合いでもなければ、橋でも、コミュニケーションでもない。思考とは壁だ。無思考のとき、あなたは触れ合い、橋渡しされる――そこに融合がある。誰かに語りかけているとき、その相手との間に触れ合いはない。まさにその語ることが壁となる。語れば語るほど遠ざかってしまう。誰かと沈黙の中にいるとき、そこに触れ合いがある。もしその沈黙が真に深く、そしてマインドに何の思考もなく、互いのマインドが全面的に沈黙していたら、両者はひとつだ。

二つの零《ゼロ》は二つではない。二つの零はひとつになる。二つの零を足し合わせれば、その零は二つにならず、より大きな零となる。ひとつになる。実際のところ、零というものは、大きくもならないし、小さくもならない。零はただ零だ。付け加えることも、差し引くこともできない。零とは全体だ。誰かと沈黙しているとき、二人はひとつになる。〈存在〉とともに沈黙しているとき、あなたは〈存在〉とひとつになる。

この技法いわく、〈存在〉とともに沈黙すれば、神というものがわかる。〈存在〉との対話はただひとつしかない、それは沈黙だ。〈存在〉を相手に語ったら、あなたは逃してしまう。自己の思考の中に包み込まれてしまう。

こんな実験をしてごらん。何を相手にしてもいい――石でもいい。石とともに沈黙してみる。石を手に取り、沈黙する。そこには融け合いがある。あなたは石の中に深く入っていき、石はあなたの中に深く入っていく。あなたの秘密は石に開かれ、石の秘密はあなたに開かれる。石に対して言語を使うわけにはいかない。石はどんな言語も知らない。言語を使うと、石と触れ合うことができなくなる。

人間は沈黙をまったく失っている。何もしていないときでさえ、沈黙していない。マインドは絶えずあれこれしている。そのように内側でいつも話しているせいで、そのように内側でしゃべり続けているせいで、何物とも触れ合えない。自分の愛する人々に対してさえ、触れ合いはない。このおしゃべりが続いているからだ。

自分の妻と一緒にいるときでさえ、あなたは自分自身のマインドの中でしゃべり、妻は彼女自身のマインドの中でしゃべっている。両方ともにしゃべっている。二人は互いに遠く隔たっている。はるか彼方にいる。まるで、ひとりがある星にいて、もうひとりが別の星にいるかのようだ。その間には無限の空間がある。それで愛情が欠けているように思い、二人は互いを非難する――「あなたは私を愛していない」と。

でも実際のところ、そんな問題ではない。愛が不可能なのだ――愛とは沈黙の花だ。愛は沈黙の中でしか花咲かない。なぜなら、愛は融合の中に花咲くからだ。無思考になれない人は、愛の中に入れない。すると祈りの中に入るのも不可能だ。でも、祈っているときでさえ、私たちはおしゃべりする。私たちにとって、祈りとは神とのおしゃべりでしかない。

私たちにとって、おしゃべりは根深い習慣となっている。だから教会や寺院に行くときでさえ、おしゃべりをやめることがない。私たちは神とおしゃべりをし、神と語る。これはまったくのナンセンスだ。神には、〈存在〉には、あなたの言語がわからない。〈存在〉にわかる唯一の言語、それは沈黙の言語だ。そして沈黙とは、サンスクリット語でもなければ、アラビア語でも、英語でも、ヒンドゥー語でもない。沈黙は普遍だ。それは誰のものでもない。

世界には少なくとも四千の言語がある。そして誰もが自分の言語に閉じ込められている。相手の言語を知らないかぎり、触れ合うことができない。もし私にあなたの言語がわからず、あなたにもまた私の言語がわからなかったら、私たちは触れ合うことができない。いつまでも見知らぬ者同士だ。二人は互いに通じ合えないし、理解し合えないし、愛し合えない。その理由は、根本的で普遍的な言語を知らないことにある。その言語とは沈黙だ。

実際、人は沈黙を通してしか触れ合えない。もし沈黙の言語を知っていたら、どんなものとでも触れ合える。なぜなら、石は沈黙しているし、木々も沈黙しているし、空も沈黙しているからだ。沈黙は〈存在〉的だ。たんに人間的であるだけではなく、〈存在〉的だ。あらゆるものが沈黙というものを知っている。あらゆるものが沈黙の中に存在している。

石を手に取るとき、石は自分の内側でおしゃべりしていないが、あなたはおしゃべりしている。だからこそ、あなたはその石と触れ合えないのだ。また、その石は、開放的《オープン》で、無防御で、受容的だ。その石はきっとあなたを歓迎してくれる。でもあなたはおしゃべりしている。石にはそのおしゃべりがわからない。それが壁となる。だからあなたは、人間を相手にしてさえ、深い触れ合いが持てない。だから親しくなれない。言語が、言葉が、すべてを破壊する。


瞑想とは沈黙だ。要は何も考えないことだ。何も考えずに、ただ在る――開放的で、受容的で、すべてを受け入れ、愛に満ちて――。でも何も考えない。すると無限の愛が起こってくる。もはや決して「誰も自分を愛してくれない」などと言わなくなる。決してそのようには感じない。ところが現状では、何をしていようとも、「誰も自分を愛してくれない」と人々は語り、感じている。あるいは、そう言いさえしないかもしれない。そして「自分は誰かに愛されている」というふりをする。でも、奥深くではよく承知している。

恋人同志でさえ、絶えず相手に対し、自分のことを愛しているかどうか尋ねる。じつにいろんな仕方で、絶えず確かめあう。誰もが皆、恐れを抱き、不安感を持っている。そこでいろんな仕方で、相手が自分を愛しているかどうか確かめようとする。ところが決して安心できない。いくら恋人が「愛しているよ」と言ったところで、それは何の保証にもならない。どうして安心できるだろう。恋人が自分をだましていないとどうしてわかるだろう。彼はいろいろ説明し、相手を納得させようとする。でも、頭で納得しても、ハートは納得しない。だから恋人たちはいつも悩んでいる。相手が自分を愛しているという事実が確信できない。どうして確信できるだろう。

実際、言語を通じて確信に至る道はない。しかしあなたは言語を通じて尋ねる。恋人の前で、いつもあなたはマインドの中でおしゃべりし、問いかけ、論議している。決して確信は得られない。そしていつも「自分は愛されていない」と感じる。そしてこのことがもっとも深い苦悩となる。この苦悩が生じるのは、べつに誰かに愛されていないからではなく、自分が壁の中に閉じこもっているからだ。あなたは自分の思考の中に閉じこもっている。何物もそれを突き破れない。思考を突き破るとしたら、落とすよりほかない。思考を落とせば、〈存在〉全体があなたを貫く。

スートラいわく、

何も考えないことが、
制限された自己を無制限にする。

あなたは無制限になる。あなたは全体となる。あなたは普遍となる。あなたはいたるところにいる。そのときあなたは歓喜だ。今現在、あなたは苦以外の何物でもない。狡知にたけた人間は、「自分は苦ではない」と自分を欺き続ける。あるいは、「何かが変わるだろう、何かが起こるだろう」と望み続け、そして、人生の最後には何かを成し遂げもするだろう。しかし、あなたが苦であることには変わりない。

たとえ、見せかけや、欺瞞や、偽りの顔をこしらえたところで……たとえ、絶えず微笑んで見せたところで、深いところであなたは、自分が苦悩の中にいることを知っている。それは当然のことだ。思考の中に閉じこめられていたら、あなたは苦悩する。閉じこめられず、思考を超え、覚醒し、意識的になり、気づきを保ち、思考によって曇らされていなければ、あなたは歓喜となる。あなたは至福となる。

◐第二章◐

カルマを超えて

――◎質問◎――

◎

近道は無為自然に反しているのではないでしょうか。

◎

私たちはなぜ悟っていないのでしょうか。

◎

近道もやはり〈神性〉の道なのではないですか。

◎

無為の定義について。

◎

◎……………最初の質問

技法というのは近道であり革命的なものだそうですが、もしそうならば、〈道《タオ》〉やスワバーヴァや自然に反しているのではないでしょうか。

その通り。技法というものは、〈道《タオ》〉に反し、スワバーヴァに反している。いかなる努力も、スワバーヴァや〈道〉に反している。努力それ自体が〈道〉に反している。もしすべてを、スワバーヴァに、〈道〉に、自然にゆだねることができたら、何の技法もいらない。これこそが究極の技法だ。もしすべてを〈道〉にゆだねることができたら、それより深い明け渡しは存在しない。それは、自分自身の明け渡しであり、自分の未来、自分の可能性の明け渡しだ。それはまさに時間の明け渡しであり、あらゆる努力の明け渡しだ。それが意味するものは、無限の忍耐であり、待機だ。

もしすべてを自然に対して明け渡せたら、もはや努力はない。何もせず、ただ浮かんでいるだけだ。それは深いゆだねだ。物事はあなたに起こる。あなたはそれに対し何の努力もしていない。追求すらしない。もし物事が起こるならそれでいいし、起こらないならそれでいい。そこに選択はない。何であれ起こるものは起こる。そこに期待はない。もちろん挫折もない。生は流れ、あなたはその中に流れ込む。到達すべき目的地はない。なぜなら目的地があれば努力もあるからだ。行く先はどこにもない。行く先があれば努力もある——それは表裏一体だ。行く先もなく、到達点も、目的地も、理想もない。達成すべき物は何もない。いっさいは明け渡されている。

明け渡しをすると、今この瞬間に、すべてはあなたに起こる。努力は時間を必要とするが、明け渡しに時間はいらない。技法には時間が必要だが、明け渡しに時間はいらない。だからこそ私は、それを究極の技法と呼ぶのだ。それは非技法だ。それは実践できない。明け渡しは実践できない。もし実践したら、それは明け渡しではない。実践するということ、それは自分自身に頼るということだ。あなたは全面的に無力ではなく、何かをしようとしている。たとえそれが明け渡しであっても、依然それは行為だ。すると技法が現れる。そして技法とともに、未来が現れる。明け渡しとは非時間的なものだ。時間を超えている。明け渡せば、その瞬間、あなたは時間の外に出る。そして起こり得るもののすべてが起こる。しかしそのとき、それに対する追求はない。探究も、貪欲もない。それに対する心配はいっさいない。それが起ころうと起こるまいと、あなたにとってはまったく同じだ。

いなくなる。

〈道《タオ》〉とは明け渡しを意味する。スワバーヴァへの、自然への、明け渡しだ。そしてあなたは

タントラやヨガは技法だ。それを通じてあなたはスワバーヴァに到達する。でもそれは長い道程だ。どの技法によっても、究極的には明け渡すことになる。しかし技法の場合、明け渡しは最後にやってくる。

〈道《タオ》〉の場合、それが始めにやってくる。もし今この瞬間、明け渡せるのであれば、何の技法もいらない。しかし、それができなかったら、そして私に「どうやって明け渡すのか」と尋ねるようなら、そのときには技法が必要となる。

稀に、何百万にひとり、「どうやって」と尋ねることなく明け渡しできる人がいる。「どうやって」と尋ねるようであれば、あなたは明け渡しできるタイプの人間ではない。「どうやって」と尋ねることは、技法を求めることだ。

こうした技法は、この「どうやって」を捨て去れない人間のためにある。こうした技法は、「どうやって」というこの根本的な懸念を捨て去るためにある。「どうやって」と尋ねることなく明け渡せるならば、何の技法もいらない。でもそんな人間は私のもとにやって来ない。そんな人間はいつでも明け渡しできる。明け渡しに教師はいらない。教師には技法しか教えられない。

そもそも探求というのは、つねに技法の探求だ。どんな探求も、技法の探求だ。誰かのもとへ行って何かを尋ねることは、技法や方法を求めることだ。さもなければどこへ行く必要もない。そもそも探求するということが、技法に対する深い要求を示している。こうした技法はあなたのためにある。

だからといって、技法なしでは起こらないというわけではない。技法なしでも起こる。しかしそれは、ごく少数の人々にしか起こらない。こうした少数の人々も、じつは稀な人間だというわけではない。過去生で技法と格闘してきたのだ。格闘してきたからこそ、それにうんざりし、飽き飽きしている。いつか飽和点というものがやって来る。繰り返し繰り返し「どうやって、どうやって、どうやって」と尋ねていると、究極的に、その「どうやって」は落ちる。すると明け渡しができるようになる。

どんな道においても、技法は必要だ。クリシュナムルティのような人間なら「技法はいらない」とも言えるだろう、ただし、今生が彼の最初の生だというわけではない。彼もまた過去生では、そんなふうには言えなかったはずだ。また今生でも、いろんな技法が彼に与えられ、彼はそれを実践してきた。技法によって、ある点に達すると、明け渡しできるようになる……いっさいの技法を捨て去り、ただ在ることができるようになる。しかしそれも技法によってだ。

それは〈道〉に反しているからだ。それはあなたが〈道〉に反している。だからあなたには矯正が必要だ。〈道〉の中にいる人間に技法はいらない。健康な人間に薬はいらない。健康に反している。でもあなたは病気だ。だから薬がいる。この薬はあなたの病気を殺す。薬はすべて健康をもたらすわけではない。病気が除去されれば、あなたに健康が起こる。どんな薬も健康をもたらしはしない。基本的に、薬はすべて毒だ。しかし毒を蓄めこんでいる人間には、何らかの解毒剤が必要だ。それによってバランスがとれ、健康になれる。

だからべつに、技法によって神性がもたらされるわけでも、自然がもたらされるわけでもない。そうではなく、自己の「自然」のまわりに掻き集められたものが破壊されるのだ。それは条件づけの解除だ。あなたは条件づけられている。だから今すぐには明け渡しの中に飛び込めない。もし飛び込めたら問題ないが、実際、あなたは飛び込めない。あなたの条件づけは「どうやって」と尋ねる。それで技法が役に立つ。

〈道〉に生きている人間には、ヨガも、タントラも、宗教もまったくいらない。完璧に健康な人間には、何の薬もいらない。宗教とはすべて医薬的なものだ。世界が全面的に〈道〉に生きるとき、宗教は消え失せる。どんな教師も、どんなブッダも、どんなイエスもいらない。なぜなら誰もが一個のブッダとなり、イエスとなるからだ。しかし今現在のあなたには、技法が必要だ。

こうした技法は解毒剤だ。

あなたは自分のまわりに複雑なマインドを作り出している。それであなたは、聞いたことや、与えられたことを、何でも複雑なものにしてしまう――より複雑なもの、より難しいものにしてしまう。たとえば私が「明け渡しなさい」と言えば、あなたは「どうやって」と尋ねる。また、「技法を使いなさい」と言えば、「技法だって？　技法は〈道〉に反するではないか」と尋ねる。あるいは「何の技法もいらない。ただ明け渡しなさい。そうすれば神はあなたに起こる」と言えば、すぐさま「どうやって」と尋ねる。これがあなたのマインドだ。

もし私が「〈道〉とはまさに今ここだ。何も実践しなくていい。ただひと飛びに明け渡しなさい」と言えば、あなたは「どうやって。どうしたら明け渡せるのか」と尋ねる。そこで私が技法を与え、その「どうやって」に答えようとすると、あなたのマインドは言う、「でも方法や技法というものは、スワバーヴァに、〈道〉に反するではないか。もし神性が私の本性であるならば、どうしてそれが技法を通じて達成されるだろう。もしそれがすでに存在しているなら、技法は無益で無用だ。なぜ技法で時間を無駄にするのか」……。このマインドをごらん！

かつてこんなことがあった。ある娘の父親が、作曲家のレオポルド・ゴドウスキーを家に招待し、娘のピアノを見てくれるよう頼んだ。そこでゴドウスキーはその家を訪ねた。そして辛抱強く娘の演奏を聞いた。娘が弾き終わると、父親は顔を輝かせ、嬉しさに涙を流しながら、「どうです、すばらしいもんでしょう」とゴドウスキーに尋ねた。

ゴドウスキーはこう言ったそうだ、「まったくすばらしい。驚くべき技巧をお持ちです。今だかつて、こんなに簡単な曲をこんなに難しく弾く人には、お目にかかったことがない。まったく驚くべき技巧だ。こんなに簡単な曲をこんなに難しく弾くなんて！」

これこそあなたのマインドにいつも起こっていることだ。ごく簡単なものでも難しくしてしまう。自分自身で難しくする。そしてこれはひとつの防御手段だ。なぜなら、困難なものにしてしまえば、する必要がなくなるからだ。つまり、まずその問題の解決が先決であり、実行は後まわしにされる。

もし私が「明け渡しなさい」と言えば、あなたは「どうやって」と尋ねる。私がその「どうやって」に答えなければ、どうして明け渡しできるだろう……。

また私が技法を与えたら、あなたのマインドはすぐに新たな問題を作り出す。「なぜ技法が必要なのか。スワバーヴァが、〈道《タオ》〉があるではないか。神は私の内にある。だとしたら、なぜそんな努力が必要なのか」。このことに答えが与えられないかぎり、何もする必要はない、というわけだ。

こういう悪循環は、いつまでもいつまでも続けていられる。だから、どこかでそれを断ち切り、そこから出てくることだ。決断をもって実行する。というのも、あなたの人間性は決断とともに生まれたからだ。あなたが人間となったのは決断があったからだ。さあ決断することだ。もし明け渡しができるなら、明け渡す。もしできなかったら、哲学的な問いかけに走らず、何かの技法を実行する。

どちらの道を通っても、きっと明け渡しは起こる。もし今この瞬間、明け渡せるのなら、それでいい。もしできなかったら、技法を通って行く。その訓練が必要だ。それが必要なのは、あなたのためだ。スワバーヴァのためでも、〈道〉のためでもない。〈道〉に訓練はいらない。訓練が必要なのはあなたのためだ。そして技法はあなたを破壊する。技法によって、あなたは死ぬ。そして最奥の本性は進化する。あなたに必要なのは、完全に粉砕されることだ。もしひと飛びに粉砕できるなら、明け渡すことだ。もしできなかったら、少しずつやる。技法を通じて働きかける。

よく言っておくが、マインドは問題を作り出す。それは策略だ——決断を延ばそうとする策略だ。マインドが納得していなければ、延ばしても後ろめたく感じない……「どうしようもないではないか。隅から隅までハッキリしていないかぎり、私に何ができるだろう」。マインドはあなたのまわりに雲を作り出す。そしてマインドは決してハッキリさせない——あなたが決断しないかぎり。決断とともに雲は消え去る。マインドはとても駆け引き上手だ。マインドは政治的だ。絶えずあなたをめぐって策を弄《ろう》している。マインドはとても狡猾で抜け目ない。

こんな話がある。あるときムラ・ナスルディンは息子夫婦を訪ねた。最初は三日間の予定だったが、それが一週間となった。そしてまた一週間が過ぎ、ついに一ヵ月となった。そこで若夫婦は思案を始めた。どうやってこの老人を追い出そうか——。二人は相談し、そしてある方法を考えついた。

夫は言った、「今晩キミがスープを出したら、僕が『これはしょっぱすぎる、こんなもの食えない』と言う。そうしたらキミが『塩気なんかぜんぜんないじゃない』と言う。そして二人でけんかを始める。それから僕が親父の意見を聞く。もし親父が僕に味方したら、キミは怒り狂って親父に出ていけと言う。もしキミに味方したら、僕が怒って親父にすぐ出ていくように言う」

さてスープが出された。打ち合せ通り二人はけんかを始めた。そしてクライマックスがやってきた。ナスルディンが黙って見守る前で、二人はまさに殴りあわんばかりの剣幕《けんまく》でやりあった。やがて息子は父親の方を振り向いて言った、「お父さんはどう思う。しょっぱすぎると思わない」

そこでナスルディンは、スープをひとさじすくって、それを味わい、その味についてしばし瞑想し、それから言った、「私にはちょうどいいあんばいだよ」。彼はどちら側にもつかなかった。計画はまったく失敗してしまった。

マインドというものは、いつもこのように働く。決してどちら側にもつかない。というのも、もしどちらかの側についたら、何かをするほかなくなるからだ。だからどちら側にもつかずに、ひたすら論議を続ける。決して何も決定しない。つねに中途にいる。何を言われようと、すべて論議し、決して決定には至らない。論議というのは無限に継続できる——終わりはない。決断だけが行為をもたらす。そして行為だけが変容となる。

もし本当に内側の革命に関心を持っているなら、決断することだ。いつまでも延期してはいけない。あまり哲学的になってはいけない。それは危険だ。探求者にとって、それは危険だ。もしあなたが、本当に探求しているわけではなく、ただ時を過ごしているだけなら、それでもかまわない。それはいい遊戯《ゲーム》だ。余裕のある人間には、哲学もいい遊戯だ。でも私の見るところ、そんな余裕のある人間はいない。なぜなら、それは時間の浪費だからだ。

だから決断をする。もし明け渡せるなら、明け渡す。そうしたら、もはや「どうやって」はない。また、明け渡せなかったら、何かの技法を実践する。技法によって初めて、明け渡しの起こる地点に達する。

◎……………第二の質問

何百万年、何百万生のうちに人は自然に悟りを開くということですが、私たちはもう何百万年、何百万生を経ているかもしれないのに、悟っていません。なぜでしょうか。

「なぜか」と尋ねることはできない。「なぜか」と尋ねることができるのは、あなたが何かをやっているときだけだ。自然が何かをやっているときには、「なぜか」とは尋ねられない。それは自然しだいだ。また自然は語らない――その問いに答えはしない。自然はまったく沈黙している。自然にとっては、何百万の生など何物でもない。自然にとっては、たんに数秒のことかもしれない。あなたにとっては、何百万の生や年は長い歳月だ。でも自然にとっては何物でもない。自然は気にもかけない――格別あなたに関心を持っているわけでもない。自然は働き続ける。いつかそれは起こる。でも「なぜか」と尋ねるわけにはいかない。なぜなら自然は沈黙しているからだ。

なぜそれが起こっていないか心配するなら、まず、何かをすることだ。心配が生じたら、何かをすることだ。することによって初めて、悟りの起こるべき地点へと進んでいく。自然の道は、とても緩慢でゆっくりしている。決して急がない。

なぜなら、自然には時間の制限がないからだ。自然は永遠だ。始めもなければ終わりもない。ところが人間は、ある一点に達している——つまり意識的になった。そして問いかけを始めた。木は決して尋ねない。ブッダが悟りを開いた菩提樹でさえもだ。菩提樹は決して尋ねない——「なぜ私は悟っていないのだろう。私もまた、あなたと同じく何百万年も生きているのに……ゴータマよ、なぜだろう」。このようには決して尋ねない。木は絶対的に自然だ。こういう問いかけによって、人間は不自然になる。不自然はすでにあなたの中に入っている。そしてあなたはすでに問いかけを開始している——「なぜ自分にそれが起こっていないのか」。

こういう問いかけは、良いことだ。こういう問いかけによって、あなたは決断の瞬間へと進む——自己への働きかけを開始する瞬間へと。

あなたはそれを自然に任せておけない。なぜならあなたは意識的になったからだ。もはやあなたはそれを自然に任せてはおけない。だからこそ人は宗教を作り出したのだ。宗教を持つ動物はいない。その必要がない。動物は問いかけたりしないし、急いでもいない。自然の中では、何物も急いでいない。すべては、まったく動いていないくらい、ゆっくりと動いている。絶えず同じ様式を繰り返し、かぎりなく同じ循環を繰り返している。

人は意識的になった。人は時間について意識的になった。時間に意識的になったとたん、あなたは永遠性から放り出される。そして急ぎ始める。人間の意識が進化すればするほど、人は急ぐようになり、ますます時間を意識するようになる。原始社会に行ってみれば、人々はそれほど時間を意識していない。文明化すればするほど、時間は意識される。原始社会はもっと自然に近い……急がず、ゆっくりと歩む。自然の歩調にあわせて歩む。文明化すればするほど、時間を意識するようになる。

実際、時間は基準になる。社会の文明度は、その社会がどれほど時間を意識するかで計ることができる。文明化すれば、人は忙しくなる。待つことができない。だから自然に任せてはおけない。ぜひ自分自身の手に引き受けたい。

人間の場合、自分自身に引き受けることができる。何かをすれば、その作業は早めに完了できる。その作業は、一瞬の間にも完了する。数百万年かかってできなかったことが、一瞬の間にも完了する。その一瞬を強烈なものとすることによって、何百万年、何百万生を、瞬時のうちに旅することができる。

これは可能だ。だからこそあなたは心配し、悩んでいるのだ。なぜ悩んでいるかというと、あなたがまだ、可能性として存在するものを現実化していないからだ。それで悩んでいる。これこそ人間の矛盾点だ。できるにも関わらず、やっていない。それによって内側に悩みや軋轢《あつれき》が生まれる。もしできないなら何の問題もない。そうしたら悩みはない。この悩みは次のことを示している――「もう自分は飛躍できる。不必要な数多くの生を飛び越すことができる。それなのに自分は飛び越そうとしていない」。あなたはもう意識的になっている。もう自然を超え出ている。

意識とは新しい現象だ。あなたは自然を超え、意識的に進化できるようになった。意識的進化とは革命だ。あなたには何かができる――ただの犠牲者ではない、ただの人形ではない。あなたは自分の運命を自分の手に握ることができる。それは可能だ。ところが、可能であるにも関わらず、あなたは何もしていない。それで内側に悩みが生まれる。そしてその可能性に目覚めれば目覚めるほど、その悩みは強く感じられるようになる。

ブッダのような人間の悩みはたいへん強い。あなたの悩みはそれほどでもない。ブッダはたいへん大きな悩みを抱き、深い憂鬱と苦しみの中にいた。彼にとっては、「達成するか、さもなければ地獄に生きるか」だった。彼は完璧に自覚していた、「何かが可能であるに違いない、自分の手の届くところに、すぐそばにある」。そして彼は感じていた、「ところが私はそれを逃している。手を伸ばしさえすればそれが起こるのに、私の手は麻痺している。一歩踏み出せばそこから出られるのに、私にはその一歩が踏み出せない。私は飛ぶのが怖い」

目的地《ゴール》が間近になり、それを感じることも見ることもできるのに、それを逃し続ける――すると悩みが生じる。逆に、目的地から遠く離れ、感じることも見ることもできないとき……目的地のあることにさえ気づいておらず、どんな運命にもまったく気づいていないとき、そこに悩みはない。

動物に悩みはない。幸福そうに見える。人間より幸福そうだ。その理由は何か。木々は動物よりも、もっと幸福だ。木々はまったく自覚していない——起こり得ることについて、可能であることについて、手の届くところにあるものについて、木々はおめでたくも無自覚だ。悩みもなく、ただ流れ漂う。人間は悩みを抱く。その人間が偉大であればあるほど、その悩みは大きい。

たんに生きるだけの人間は、動物的な存在を生きている。宗教的な悩みが生じるのは、「何かが可能だ」と気づくときだ。「種子はそこにある。そして私は何かをしなければならない。何かをすれば、その種子は発芽する。そして遠からず花は咲き、やがて果実が収穫できる」。にも関わらず、何も起こらない。そこでまったく無力に感じられる。

この状態こそ、ブッダが覚者《ブッダ》になる前の状況だった。彼はまさに自殺のきわにいた。あなたはそれを通過するしかない。自然には任せておけない。自分で何かをしないといけない。あなたにはそれができる。目的地《ゴール》はそれほど遠くない。

悩みを感じるからといって、がっかりしてはいけない。たとえ自己の内側で、強烈な悩みや心配や苦痛を感じたとしても、それについてがっかりする必要はない。それは良い兆候だ。つまりそれは、可能であることについての自覚が増してきたということだ。そして、それが現実にならないかぎり、もはやあなたに安らぎはない。

人間はそれを自然に任せておけない。なぜなら人間はもう意識的になっているからだ。人間存在の中で意識的である部分はごく小さい。しかし、それがすべてを変える。そして自己の存在全体が意識的にならないかぎり、二度と再び、動物や木々の持つ単純な幸福を知ることはない。

今それを知る道はひとつしかない。それは、もっと覚醒すること、もっと気づくこと、もっと意識的になることだ。退行するわけにはいかない。後戻りする道は存在しない。誰も後戻りはできない。今いるところにとどまって苦しむか、前進して苦悩を超えるかのどちらかだ。後戻りはできない。

全面的な無意識は至福に満ちている。全面的な意識も至福に満ちている。あなたはその中間にいる。あなたの一部分は意識的であり、あなたの大部分はまだ無意識だ。あなたは分割されている。二つになっている。ひとつではない。まとまりが失われている。動物はまとまっている、また聖者もまとまっている。でも人間はまとまっていない。部分的には動物のままで、部分的には聖者のようだ。そこには葛藤や軋轢がある。何をしようとも、ハートは決してひとつではない。

だから道は二つある。ひとつは自分を欺くこと、すなわち再び全面的に無意識になることだ。たとえば、麻薬をやったり、アルコールを飲んだりして、動物の世界に退く。意識的な部分を酔わせて、全面的に無意識になる。しかしこれは一時的な欺瞞だ。やがて回復する。化学物質の効力はやがて失われ、意識は再び意識的になる。アルコールや麻薬といったものによって強制的に抑圧された部分は、やがて回復し、いっそう大きな苦悩が感じられるようになる。なぜなら、以前の状態との比較ができるからだ。だから苦悩はさらに増す。

自分自身を酔わすなら簡単だ。方法はいくらでもある。化学的なものだけではない。宗教的な方法もある。ジャパやマントラを使えばいい。それを唱えれば、陶酔的な効果が生まれる。ほかにも、自分を再び無意識にする方法はいろいろある。しかしその無意識は一時的なものだ。やがてはそこから出てくることになる。そして出てくるときには、苦悩もいっそう深くなっている。以前と比較できるからだ――「もし無意識の中でこんなことが可能だったら、全面的な意識の中では、いったい何が可能だろう」。あなたはそれについてますます貪欲になる。その渇望はさらに増す。

そもそも、全面性とは至福だ。もし全面的に無意識だったら、それもまた至福だ。しかし、あなたはそれを自覚しない。動物は幸福だが、動物はその幸福を自覚しない。だからそれは無益だ。ちょうど、眠っているときに幸福であるようなものだ。目覚めたらまた不幸になる。全面性とは至福だ。

また、意識の中で全面的になることも可能だ。そうすれば、そこに至福が存在し、あなたはそれを完璧に自覚している。それが可能となるのは、サダーナ(行)によってであり、方法によってであり、意識を増進させるような技法の実践によってだ。あなたが悟っていないのは、今までに何もしていないからだ。でも「自分は悟っていない」ということを、あなたは自覚している。このことは自然によってなされた。つまり、何百万年もの間に、自然はあなたに自覚を与えた。

こんな事実に気づいたことがあるだろうか。体に関するかぎり、人間の成長は停止している。何百万年も昔の骸骨が幾つも発見されているが、そこに目立った変化はない。そうした骸骨は私たちのものとよく似ている。だから数百万年の間、体に成長はなかった。ずっと同じままだ。頭脳でさえも成長していない。ずっと同じままだ。体に関するかぎり、進化はすでにその成しうるすべてを行なった。だからある意味で、今や人は自分自身の成長について責任がある。そしてその成長は、もはや肉体的なものではない。その成長は精神的なものだ。

ブッダの骸骨《がいこつ》とあなたの骸骨は基本的に変わらない。でも、あなたとブッダは絶対的に異なっている。進化は水平に働くが、方法や技法や宗教は垂直に働く。人間の体は停止した――すでにある一点に達した。終点だ。もはやこの先、何の成長もない。水平的には、進化は停止した。そして今、垂直的な進化が始まる。今現在、あなたがどこにいようと、あなたは垂直に飛躍するしかない。その垂直的進化は、意識の進化であって、体の進化ではない。そしてその責任はあなたにある。

　自然に対して「なぜ」と尋ねることはできない。しかし、自然はあなたに対し尋ねるだろう――「なぜまだ悟っていないのか」と。なぜなら今や状況はすべて整っているからだ。体には、必要なものすべてが備わっている。あなたはブッダの体を持っている。ブッダが起こるのに必要なもののすべては、すでに備わっている。すでに備わっている要素のすべてを、新たに案配し、綜合するだけで、ブッダはあなたに起こる。だから、自然はあなたに問うかもしれない――「なぜ、まだ悟っていないのか」と。なぜなら自然はあなたにすべてを与えているからだ。

　自然がそのように尋ねたとしても、それは当然のことだ。しかし、あなたが自然に対して尋ねるというのは不条理だ。あなたにその資格はない。今やあなたには自覚があり、何かをすることができる。すべての要素は整っている。水素はそこにあり、酸素はそこにあり、電気もそこにある。必要なものは、何らかの努力と実験であり、そうすれば水は生まれる。

　悟るに必要なものは、すべてあなたに備わっている。でもそれは散らばっている。だから、それをつなぎ合わせ、綜合し、そこから調和を作り出せばいい。そうすれば突然、炎が生じ、それが悟りとなる。こうした技法はすべてそのためにある。あなたはすべてを持っている。ただ必要なものは、悟りが起こるための処方であり、「何をするか」だ。

◎……………第三の質問

お話によると、全面的な覚醒と全面的な自由によって何百万生・何百万年分の自然な進化が回避できるそうです。でもこんな論議は生じないでしょうか——すなわち、カルマという因果の自然力が近道によって干渉されていいものかどうか、それとも、進化する世界や進化する魂にこのような近道が与えられるのも、やはり〈神性〉の道なのか——。

何でも論議の対象になる。しかし論議はどこにも行き着かない。論議するのもいいが、それがいったい何の役に立つだろう。たとえば、「カルマの自然な働きは干渉されるべきではない」と論議することもできるだろう。だったら苦悩の中で満足していればいい、でもあなたにはそれができない。だから干渉しようとする。もし自然の働きに任せていられたら、それはすばらしい。でも、そのときには不平を言ってはいけない。決して「なぜこうなるのか」などと尋ねてはいけない。こうなるのはカルマの自然な働きだ。たとえば、あなたが苦しんでいるとしよう。その苦しみはカルマの自然な働きによるものだ。さもなければ不可能だ。だから干渉してはいけない。

これこそが宿命論、運命論、すなわち運命の存在を信じる立場だ。つまり、あなたは何もしない。何であれ起こるものは起こる。あなたはそれを受け入れるしかない。それもまた明け渡しとなる。あなたは何もする必要がない。ただ全面的な受け入れが必要だ。実際、干渉は必要ない。でもはたしてあなたは、干渉なしでいられる状態にあるだろうか。あなたは絶えず、あらゆることに干渉する。自然に任せていられない。もし任せていられたら、ほかに何物もいらない。すべてはあなたに起こる。もし任せられなかったら、干渉すればいい。そしてあなたは干渉できる。でもそのときには、その働き《プロセス》きの理解が必要だ。

実際、瞑想とはカルマの働きに対する干渉ではない。むしろ、それはカルマからの飛躍だ。正確に言って、瞑想とは干渉ではなく、悪しき車輪、悪循環からの飛躍だ。その輪は回転し、そのうちいつか自然に止まる。あなたは、それを止めることはできないが、その外に出ることならできる。そしていったん外に出れば、その輪は幻となる。

たとえば、ラマナ（今世紀インドの覚者）は癌で死んだ。弟子たちは治療を勧めた。彼は言った、「どちらでもいい。もしみんなが望むなら、そしてそれで気が済むなら、治療を受けよう。でも私自身はどちらでもいい」。さて医者は驚いた。というのも体がひどく病んでいたからだ。体はひどい苦痛にさいなまれていた。でも彼の目に痛みはなかった。体はひどく苦しんでいた。でも彼は苦しんでいなかった。

体はカルマの一部だ。体は因果の機械的円環の中にある。しかし意識はそれを超えることができる。それを超越できる。ラマナは観照者だった。彼は見ていた——体が苦しんでいるのを見、体が死にかけていることを見ていた。

彼は一個の観照者だった。干渉していなかった。まったく干渉していなかった。何であれ、起こることを見つめていた。そして悪循環の中にいなかった。同化していなかった。その中にいなかった。

瞑想は干渉ではない。実際、瞑想がなかったら、あなたはいつも干渉している。瞑想があれば、あなたはそれを超える。丘の上の物見《ものみ》になる。深い谷底で物事は起こり続けている。でもそれはあなたと関係ない。あなたはただ傍観者だ。すべてはまるで他人に起こっているかのようだ。あるいは、夢の中やスクリーン上の映画に起こっているかのようだ。あなたは干渉していない。もはやそのドラマの中にはいない。すでに外に出ている。もはやその演技者ではなく、観客だ。それが唯一の変化だ。

そしてただの観照者となるとき、体はたちまち、完結すべきものを完結する。たとえあなたに苦しむべきカルマがたくさんあったとしても、観照者となっていれば、もう二度と生まれることがない。そして体は今生で、たくさんの生の苦しみをいっぺんに苦しむ。だから、悟った人間は、往々にして肉体的な病気をいろいろ患う。もはや生まれることがないからだ。来生はない。今生の体が最後だ。だから、あらゆるカルマとその働きが完結され、終了されることになる。

イエスの生を東洋の目で見れば、その受難もまた違った現象となる。西洋的な考え方からすると、生は連続するものではない——再生もなく、生まれ変わりもない。だから、受難についての真に深い分析もできない。そこで西洋ではこんな神話を作り上げた……「イエスは私たちのために苦しんだ。彼の苦しみは私たちの救いだ」。これは馬鹿げている。また事実に反している。もしイエスの苦しみが私たちの救いだったら、なぜ人類は今もって苦しんでいるのか。そしてその苦しみは、かつてなかったほどの苦しみだ。

イエスの受難の後も、人類はいまだ神の王国に入っていない。もし彼の苦しみが私たちのためだったら、もし彼の受難が私たちの罪の贖《あがな》いであったら、彼は失敗したことになる。なぜなら、罪は依然存在し、苦しみも依然存在しているからだ。つまり、彼の苦しみは無駄だった、受難は成功しなかった。

キリスト教にはただ神話があるのみだ。東洋の場合、人間の生に対する分析の姿勢が違っている。イエスの受難は、自分のカルマによって蓄積された自分自身の苦しみだった。そしてその生は彼の最後の生だった、彼はその先再び体に入ることがなかった。だから苦悩のすべてが、ある一点に結晶化し、集中することになった。その一点が磔刑となった。

彼はべつに、他人のために苦しんだわけではない。誰も他人のために苦しみはしない。人が苦しむのは自分自身のため、自分の過去のカルマのためだ。誰もあなたを自由にできない。あなたが束縛の中にいるのは、自分のカルマのせいだ。だから、どうしてイエスがあなたを自由にできるだろう。彼は自分を奴隷にもできれば、自分を自由な人間にもできる。自分を解放することもできる。磔刑を通じ、彼のカルマは清算された。彼は完了した。その鎖はおしまいになった――その因果はおしまいになった。その体は二度と生まれることがない。彼はもはや別の子宮に入ることがない。もし彼が悟った人間でなければ、そのすべてを多くの生にわたって苦しむことになっていた。でもその苦しみは、一点に、ひとつの生に、集中された。

あなたは干渉できない。干渉すれば、ますます多くの苦を招いてしまう。だからカルマに干渉せず、それを超えて行くこと、カルマの観照者となることだ。カルマを現実としてとらずに、夢としてとる。ただ無関心にそれを眺め、それに巻き込まれない。体が苦しんでいたら、その苦しみを見る。体が喜んでいたら、その喜びを見る。決して同化しない。それが瞑想というもののすべてだ。

言い訳を探したり、口実を探したりしない。「これは論議した方がいい」などと言わない。論議は対象を選ばない。何でも論議できる。しかし言っておくが、論議は自殺行為ともなりかねない。

その論議は、往々にして、自分自身に敵対するものであったり、自分の役に立つものでなかったり、自分を変容するものでなかったりする。むしろ、それは障害となる。にも関わらず、私たちはいつも論議する。

つい先ほど、ひとりの若い女性が私のところにやって来た。彼女は私に、神は本当に存在するのかと尋ねる。彼女は神の存在を望んでいなかった、そしていつでも論議する構えだった。私は彼女の顔を、目を、見た。彼女は構えていた。論議に満ち満ちていた。その点について闘おうとしていた。彼女は心底から神の非存在を望んでいた。なぜなら、神が存在していたら、面倒なことになるからだ。神が存在していたら、あなたは自分の現状にとどまってはいられない。神が存在していたら、そこに挑戦が現れる。神とはひとつの挑戦だ。つまりあなたは自分自身に満足できなくなる、なぜなら自分より高いものが可能になるからであり、意識の高次の状態、絶対的状態が可能になるからだ。それが「神」というものの意味だ。

そこで彼女は論議する構えだった。彼女は言った、「私は無神論者です。私は神を信じません」私は彼女に言った、「もし神が存在しなければ、『神を信じない』ということがどうして可能だろう。そもそもそれは神に関係ない。信心や不信心、肯定的な考えや否定的な考えは、あなた自身に関係している。神には関係ない。なぜあなたは神のことなど気にする。もし神が存在していないのなら、なぜあなたは、わざわざ旅してきたのか。なぜ私のところまでやって来て、存在しないものについて論議しようというのか。神のことは忘れ、放免してやりなさい。家に帰って、時間を無駄にしないことだ。もし神が存在しないなら、なぜそれに一所懸命になる。なぜ神の非存在を証明しようと躍起になる。そういう姿勢はあなたの中の何かを示している。あなたは恐れている。もし神が存在したら、それがひとつの挑戦となる。もし神が存在しなかったら、あなたは自分の現状にとどまることができる。そして安穏としていられる」

挑戦や危険を恐れる人間——自己の変革や突然変異を恐れる人間は、つねに神の存在を否定する。その否定は、その人間のマインドだ。その否定が示すものは、その人間自身であって、神ではない。

私は彼女に言った——神とは、証明したり反証明したりするような物体ではない。神とは、人が正否の見解を持てるような物体ではない。神とはあなたの内側の可能性だ。外側のものではなく、内側の可能性だ。もしあなたがその可能性に向かって旅すれば、神は現実になる。もしその一点まで旅しなければ、神は非現実だ。そしてもし神を否定するならば、旅することには何の意味もなくなり、あなたはいつまでも同じままだ。そしてこれは悪循環となる。

あなたは神はいないと論じる。そしてそのせいで、あなたは決して神に向かって旅しない。これは内側の旅だ、内側の道程だ。でもあなたは決して旅しない。というのも、存在しない一点に向かってどうして旅ができるだろう。だからあなたは同じままだ。同じままだったら、あなたは決して神に出会わない。決して神に邂逅《かいこう》しない。決して、神の感触、神の波動に達することがない。するとあなたの中で、神の非存在がますます証明される。それが証明されればされるほど、ますますあなたは遠ざかる。ますますあなたは落ちて行き、ますます隙間《ギャップ》は大きくなる。

だからそれは神が存在するか否かの問題ではない――私は彼女に言った――それはあなたが成長を欲するか否かの問題だ。もしあなたが成長すれば、その全面的な成長が出会いとなり、その全面的な成長が融合となり、その全面的な成長が邂逅となる――。そして私は彼女に逸話をひとつ語った。

ある風の強い朝、ちょうど春の終わり頃だったが、一匹のかたつむりが、桜の木を登り始めた。隣の樫の木に止まっていたスズメたちはそれを見て笑った。なぜなら、まだサクランボの季節ではなく、木にサクランボはなっていなかったからだ。それなのに、かたつむりは懸命になって、てっぺんに登ろうとしている。スズメたちはその苦労を笑った。

やがて一羽のスズメが舞い降りて来て、かたつむりの近くに来るとこう言った、「ねえ、いったいどこへ行くんだい。木に登ったって、まだサクランボなんかないよ」

でもかたつむりは休もうとさえしない。上に向かって登り続けるばかりだ。登りながら、かたつむりは言った、「でもボクが上に着くころには、きっと実っているよ。てっぺんに登るまでには長いことかかるから、それまでにはきっとサクランボも実っているよ」

神はない。でもあなたが到達するまでには、神はある。神とはすでに存在しているものではない。決してそのようなものではない。それはひとつの成長だ。あなた自身の成長だ。自分自身が全面的に意識的になる一点、そこに到達したとき、神はある。でも論議してはいけない。論議にエネルギーを費やしたりせず、そのエネルギーを自分自身の変容に使うのだ。

そしてエネルギーは限られている。もしエネルギーを論議の方に向けたら、あなたは論議の天才になれるかもしれないが、それはエネルギーの浪費だ。大きな代償だ。なぜならその同じエネルギーが瞑想ともなるからだ。たとえあなたが論理家になったとしても、たとえ論理的な論議を構築できたとしても、たとえ説得力ある証明なり反証明を提示できたとしても、あなたは依然同じままだ。論議したところで、それがあなたを変えることはない。

ひとつ覚えておくこと。あなたを変えるものは、何であれ良い。あなたの意識に、成長や拡張や増大をもたらすものは、何であれ良い。あなたを静止させるもの、あなたの現状を保つものは、何であれ良くない。それは致命的であり、自殺的だ。

◎…………最後の質問

ときどき私は、自分が非行為の状態の中にいることを感じ、ひどく受動的であるように思います。でも同時に、周囲に起こっていることに対する私の覚醒もまた、減少するように思えます。実際、私は自分の周囲のものから分離するように感じます。これは偽りの受動性ではないでしょうか。というのも、非行為と覚醒の増大とは同義であるように思えるからです。この状態についてご説明ください。

ふつう私たちは熱狂的な状態にある。活動的だが熱狂的だ。でも受動的になれば、その熱は消え去る。もしあなたが受動的になり、非行為的になれば、もしあなたが自分自身の中でくつろげば、活動性は消え去る。熱は消え去る。そして熱を通じて現れた一所懸命さは、もはやなくなる。そして少々鈍感になったように感じられる。覚醒が減少していくように感じられる。でもそれは減少ではない。それは熱狂の減少にほかならない。

それはいいことだ。だから恐れなくていい。決して「その受動性は本物でない」などと考えなくていい。それはマインドの語ることだ。マインドが求めるのは、熱から現れる熱狂的な活発さだ。熱は覚醒ではない。熱の中には、ときに、ひどく不健康な覚醒や注意がある。それは病気だ。それを追い求めてはいけない。消え去るにまかせ、そして受動性の中に落ちて行くのだ。

最初のうちは、覚醒が増加するよりも減少するように感じられるだろう。減少するに任せるのだ。受動性の中で消え去るものはすべて熱狂だ。だからこそ、それは減少する。減少するに任せる。やがて均衡のとれるときがやってくる。その均衡点では、もはや増加も減少もない。それが健康点だ。熱はすでに去っている。

その均衡点で現れる覚醒は、何であれ本物だ。熱狂的なものではない。それがやってくるのを待つことができたら……。それは難しい、なぜなら、初めのうちは、自分の手がかりが失われていくように感じるからだ。あなたは本当に死んでいく。あなたの活発さ、覚醒、すべては消え去る。あなたはくつろいで、死の中に入る。

このように感じるのも、あなたが熱狂的な生しか知らないからだ。それは本当の生ではなく、たんなる熱だ。たんなる緊張状態であり、たんなる異常活性の状態だ。あなたはただひとつの状態しか知らない——熱狂状態だ。それ以外の何も知らないとすれば、いったいどうして比較できるだろう。

だから受動的になり、くつろげば、そのときには何かが無くなったと感じられる。無くなるに任せるのだ。そして受動性とともにとどまる。ほどなく均衡点が到来し、その点ではもはや熱はない。そしてあなたは自分自身となる。もはや他人によって行動へと駆り立てられることも、行動へと引き込まれることもない。今や行動はあなたに起こるようになる。それは自発的だ。自然だ。あなたは何かをするが、もはや引き込まれたり駆り立てられたりはしない。

それを知る基準は何か。どのようにして、強いられた行動、熱狂的な行動を、見分けるのか。それは、その行動が自然発生的なものかどうかだ。自然発生的なものであれば、その行動の中には、何の緊張も、何の重荷もない。あなたはそれを楽しむ。そしてその行為は、それ自身で目的となる。それ以外に目的はない。その行為は決して、別の所に到達するための手段ではない。それは、あなた自身のエネルギーの湧出だ。そしてこの湧出は今ここのものだ。未来のためのものではない。あなたはそれを楽しむ。

たとえそれが何であろうと……庭に穴を掘ったり、木の枝払いをしたり、あるいはただ座ったり、歩いたり、食べたり、何であろうと、それ自体が〈絶対〉となる——全面的な行動となる。それが終わっても、あなたは疲れを感じない。むしろ活力を新たにする。熱狂的な行為はあなたを疲れさす。それは病気だ。自然な行為はあなたを養う。その行為の後、あなたは、もっとエネルギーに溢れ、もっと大きな活力を感じる。その行為の後、あなたはもっと生き生きとなる。その行為はあなたに更なる生をもたらす。

でも、最初のうち……受動的になり非行為の中に落ち込む最初のうちは、必ずや「自分は覚醒を失いつつある」と感じるだろう。しかし決して覚醒が失われるわけではない。たんに、熱狂的なタイプの意識状態、熱狂的なタイプの注意力が失われるだけだ。あなたは受動性の中に落ち着き、自然な覚醒が起こる。

熱狂的な注意力と自然な覚醒の違いは何か。熱狂的な注意力には、集中がある。それはすべてを排除する。

あなたはひとつのものへ集中する。たとえばあなたは私に耳を傾けているが、もしそれが熱狂的な注意だったら、あなたは私に耳を傾けるが、それ以外のものに対する覚醒はまったくない。それが受動的覚醒だったら……熱狂ではなく、均衡がとれ、自然なものだったら、そのときには、たとえば車が通ったとすれば、あなたはその車の音も聞く。あなたはただ覚醒している。すべてに覚醒している――自分の周囲に起こっているすべてに……。そして、すばらしいことには、車が通ってその騒音を聞いたとしても、それが邪魔にならない。

ところが、熱狂的に注意を払っているときには、車の音が聞こえると、私を聴き逃してしまう。車が邪魔になる。なぜなら覚醒の保ち方を知らないからだ――起こっていることすべてに対し、どうやって全面的に、単純に、覚醒を保つか知らない。あなたの知っていることはただひとつ、それは、ほかのすべてを犠牲にしてひとつのことに注意を払うことだ。その注意が別のものに移ると、最初のものとの関わりは失われる。もしあなたが、熱狂的なマインドで私に耳を傾けていたら、何でも邪魔になる。注意がそちらの方に向かい、私から遮断されてしまう。その注意は一点に集中されている。全面的ではない。自然で受動的な覚醒は、どこまでも全面的だ。何物も邪魔にならない。それは集中ではなく、瞑想だ。

集中はつねに熱狂的だ。集中というのは自分のエネルギーを強制的に一点に集めることだ。エネルギーそれ自体はあらゆる方向に流れる。方向というものがない。エネルギーはひたすら、あらゆるところに流れようとする。葛藤が生じるのは、私たちが「これを聴くのは良いが、これは悪い」とか言うからだ。たとえば、あなたが祈りをあげているときに、子供がそばで笑い出す。それは邪魔になる。それは、単純な覚醒というものを知らないからだ。単純な覚醒の中では、祈りが続くそばで、子供は笑い続け、その両者の間に葛藤はない。両方ともに、より大きな全体の一部だ。

これを試してごらん——全面的に注意深くなる、全面的に覚醒する、集中しない。集中はつねに疲労をもたらす。なぜなら、集中とはエネルギーを不自然に収束させることだからだ。単純な覚醒はすべてを包含する。

受動的で非行為的であるとき、すべてはあなたのまわりに起こる。あなたの邪魔になるものはなく、またあなたを素通りするものもない。すべては起こり、あなたはそれを知る。あなたはそれを観照する。

たとえば、騒音がやってくる。騒音があなたに起こる。騒音があなたの中を進み、そして通過する。そしてあなたはもとのままだ。ちょうど空っぽの部屋のように。もしここに誰もいなかったら、たとえ外で車が頻繁に往来しても、その騒音はこの部屋の中にやってきては去っていく。そして部屋は何の影響も受けない。まるで何も起こらなかったかのようだ。受動的な覚醒の中では、あなたは何の影響も受けない。いっさいは絶えず起こり続ける。すべてはあなたを通過するが、決してあなたに触れることがない。決して何の痕跡も残さない。熱狂的な集中の場合、すべてがあなたに触れ、その印象を刻印する。

このことについてもう一点。東洋の心理学には、サンスカールという言葉がある。「条件づけ」ということだ。何かに集中するということは、条件づけられることであり、サンスカールを持つことであり、何かに印象を刻印されることだ。一方、単純に覚醒していれば……受動的に覚醒し、集中せず、自分自身を一点に収束せず、ただそこに在れば、何かに条件づけられることはない。

それは、サンスカールを蓄積しないことであり、印象を蓄積しないことだ。あなたはいつまでも、手つかずであり、純粋であり、無傷だ。何物にも触れられることがない。もし受動的に覚醒していられる人間がいたら、彼は世界を通り抜けて行くが、世界は決してあなたを通り抜けない。

禅僧の睦州《ぼくじゅう》はしばしばこう言った。

「川に行って流れを渡りなさい。でも水に触れてはいけない」。

しかし僧院の近くには橋が一本もなかった。

多くの僧たちがそれを試したが、もちろん水に触れてしまう。そこである日、ひとりの僧が彼のもとにやって来て言った、「これはまことに難題です。流れを渡ろうとしても、橋がありません。もし橋があれば、もちろん流れは渡れますし、水に触れることもありません。でも流れの中を通ろうとすれば、どうしても水に触れてしまいます」

そこで睦州は言った、「では私が行って、流れを渡ろう。よく見ているんだぞ」

そして彼は渡った。もちろん、水は彼の足に触れた。そこで僧たちは言った、「ごらんなさい！水に触れたではありませんか！」

睦州は言った、「私の知るかぎり、私は水に触れていない。私はただ観照者だった。水が触れたのは、私の足であって、私ではない。私はただ観照していた」

受動的な覚醒とともに、観照とともに、世界を通り抜ける。あなたは世界の中にいるが、世界はあなたの中にない。

第三章 丘の上から見る

[経文]

—86—

思惟してみる——知覚を超えたもの、把握を超えたもの、
非存在を超えたものを。あなた。

—87—

私は存在している。
これは私のものだ。これこそこれだ。
おお、愛しき者よ、
そういうものの中で、はてしなく知れ。

人間には顔が二つある。人間は動物と神の両方だ。動物は人間の過去であり、神は未来だ。それによって問題が生ずる。過去は過ぎ去ってしまった。もはやない。ただその影だけが残っている。また、未来は依然として未来だ。まだ来ていない。それはたんに、ひとつの夢、ひとつの可能性だ。その二つの間に人間は存在している。過去の影と未来の夢――人間はそのどちらでもなく、またその両方だ。

人間は両方だ、なぜなら、その過去は人間のものだからだ――人間は動物だった。

人間は両方だ、なぜなら、その未来は人間のものだからだ――人間は神になれる。

また、人間はそのどちらでもない。なぜなら過去はもはやなく、未来はまだ来ていないからだ。人間はその二つの間の緊張として存在する――「あったもの」と「ありうるもの」との緊張として。そのせいで葛藤が生ずる。「成就しよう、何かになろう」という絶えざる苦闘が生ずる。ある意味で、人間はいない。人間とは、動物から神への一段階だ。そしてその段階はどこにもない。それは、かつてどこかにあり、将来どこかにあるが、今現在はどこにもない。ただ空中にぶらさがっている。

だから人間というものは、たとえ何をしようと、たとえ私が何を言おうと、決して満足することがない。なぜなら、真っ向から対立する二つのものが自分の中で出会っているからだ。もし動物が満足すれば、神が不満だ。もし神が満足すれば、動物が不満だ。一部分がつねに不満足だ。

もしあなたが動物の方へ傾けば、ある意味で、あなたの存在の一部分は満足する。しかしたちまち、その満足の中に不満足が生じる。その反対部分が、あなたの未来が、異議を唱える。動物の満足は、未来の可能性の不満足だ。また、自分の神的可能性を満足させれば、動物が反抗する。動物は痛みを覚え、大きな不満足が内側に生じる。だから両方に満足は与えられない。一方を満足させれば、他方が不満足だ。

こんな逸話がある。あるスポーツカー・マニアが天国の門に着き、聖ペテロに迎えられた。彼は愛用のジャガーに乗ってやって来た。そして開口一番、聖ペテロにこんなことを尋ねた、「天国にはいいハイウェイがありますか」

聖ペテロは言った、「いかにも、すばらしいハイウェイがあります。ただし、天国では自動車の乗り入れが禁止されています」

すると、そのスピード狂は言った、「じゃ僕むきじゃないな。それなら、向こうの方に僕を送るよう手配してもらえませんか――地獄の方です。ジャガーを離れるなんて、とてもできない」

そこで手配がされ、彼は地獄に着いた。門のところへやって来ると、悪魔に大変な歓迎を受けた。悪魔いわく、「私も同じなんですよ。とにかくジャガーが大好きで」

くだんのスピード狂は言った、「それは結構。では地獄のハイウェイ・マップをいただきましょうか」
悪魔は悲しげな顔をした、「ところがね、こちらにはハイウェイがないんですよ。そこが地獄たるゆえんで」

これこそが人間の状況だ。人間には二つの顔がある。人間というのは、二重の存在であり、二つに分裂している。もし一方を満足させれば、他方が不満を抱き、その逆を行なえば、また他方が満たされない。つねに何かが欠けている。両方を満足させることは不可能だ。なぜならその両方は正反対だからだ。

でも、誰もがこの不可能な事をやっている。どこか適当なところで折り合いをつけ、天国と地獄を妥協させようとする。肉体と魂、低いものと高いもの、過去と未来を、どこかで妥協させようとする。私たちはこのことを何生にもわたってやってきた。でもその妥協は起こらなかったし、これからも起こらない。その努力はすべて不条理であり不可能だ。

こうした技法は決して、あなたの中に妥協を作り出すものではない。そうではなく、あなたに超越をもたらすものだ。決して動物を抑え、神を満足させるものではない。それは不可能だ。そんなことをしたら、あなたの中の混乱や暴力や葛藤は増すばかりだ。また、神を抑え動物を満足させるものでもない。こうした技法は、その二元性を超越するためにある。動物のためでも、神のためでもない。

これこそが、タントラとほかの諸宗教との基本的な違いだ。タントラは宗教ではない。なぜなら宗教は基本的に、神に味方し動物を抑えるからだ。だから宗教とは、それ自体、ひとつの葛藤だ。タントラとは、闘争の技法ではなく、超越の技法だ。動物と闘うわけでも、神に味方するわけでもない。タントラはあらゆる二元性を排除する。実際タントラは、何かに味方したり敵対したりしない。そうではなく、あなたの中に第三の力を生み出す。それは存在の第三の中心だ——もはやあなたは動物でもなければ神でもない。タントラでは、その第三の点とは、アドヴァイタ、「非二元性」だ。

タントラによれば、二元性の中で闘っても「一」には到達できない。二元性の中で闘い、ひとつを選んだところで、非二元的な地点には到達できない。選択は「一」へ通じてはいない。無選択な観照だけがそれに通じている。

これこそがタントラの基盤だ。そしてそのせいで、タントラは決して正しく理解されなかった。何世紀にもわたる長い誤解を受けてきた。もし「タントラは動物に敵対しない」と言えば、人々は「タントラは動物に味方するものだ」と思う。また「タントラは神の側に立たない」と言えば、人々は「タントラは神に敵対するものだ」と考えてしまう。

実際、タントラの主旨は無選択な観照だ。動物の側に立ってもいけないし、神の側に立ってもいけない。そして葛藤を生み出してはいけない。要はそこから離れ、自分とその二元性との間に隙間《ギャップ》を設け、そして第三の力となることだ。動物と神の両方が見えるような観照者となることだ。

私はこう言った——「動物は過去で、神は未来だ、そして過去と未来は対立している」と。タントラは現在にある。過去でもなければ未来でもない。まさに今この瞬間だ——過去に属してもいけないし、未来を渇望してもいけない。未来を願望してもいけないし、過去に条件づけられてもいけない。過去を持ち越してはいけないし、未来に何かを投影してもいけない。今この瞬間、今ここに真実であること。そうすればあなたは超越する。もはやあなたは動物でも神でもない。

タントラでは、あるがままにあることが神だ。あるがままにあること、瞬間瞬間のこの「あるがまま」の中で、過去は断たれ、そして、未来は創造されることがない。そしてあなたは自由になる。自由そのものになる。

こうした技法は、そういう意味では宗教的ではない。なぜなら、宗教はつねに動物を敵視するからだ。宗教は葛藤を生み出す。だから真に「宗教」的な人間は、必ず分裂症に陥る。必ず二つに分かれてしまう。宗教的文明とはすべて分裂的な文明だ。それによって人は精神症になる。なぜなら内側に葛藤が生まれるからだ。それによって人は二つに分裂し、そして、分裂した一部分が自分自身の敵となる。そして自分自身に対する闘いの中で、エネルギーがすっかり浪費される。

タントラは、そのような意味では宗教的ではない。なぜならタントラは葛藤も暴力も容認しないからだ。タントラいわく、自分と闘わず、ただ覚醒を保つ。自分に対し、攻撃的であったり、暴力的であったりせず、ただ観照者、見守る者となる。観照するとき、あなたはどちらでもない……両方の顔は消え失せる。

観照するとき、あなたは人間ではない。あなたはただ在る――どんなラベルもなく存在する。どんな名前もなく存在する。どんな範疇《カテゴリー》もなく、存在する。あなたは存在するが、もはや何某《なにがし》といった特定の人間ではない。あなたは単純な「在ること」であり、純粋な存在だ。これら技法は、そうした純粋な存在のためにある。

それでは技法に入ろう。

86 想像できないものを想像する

第一の技法。

思惟してみる——
知覚を超えたもの、把握を超えたもの、
非存在を超えたものを。あなた。

思惟してみる——知覚を超えたもの……つまり、見えないもの、知覚できないもののことだ。でも見えないものが想像できるだろうか。想像力とは、つねに見えるものについての想像だ。どうして知覚できないものが想像できるだろう。

知覚できるものは想像できる。でも、見たり知覚したりできないものは、夢に見ることさえできない。だからこそ夢でさえも現実の影なのだ。想像でさえも純粋な想像ではない。あなたの想像することはみな、何かの形でもう知っているものだ。新しい組合わせを作り出すことはできるが、その要素となるものは、今までに知り、知覚したものだ。

たとえば、「金色の山が、まるで雲のように空を飛んでいる」、そんなさまを想像することもできるだろう。そんなものはかつて知覚したこともない。でも、雲や、山や、金《きん》なら知覚したことがある。その三つの要素が組み合わされるだけだ。想像とは独創的なものではない。いつでも、今までに知覚したものの組合わせだ。

スートラは言う、

思惟してみる——
知覚を超えたもの、

それは不可能だ。しかし、だからこそ、やる価値がある。なぜなら、まさにその努力の中で、何かがあなたに起こるからだ。べつに何かが知覚できるようになるわけではない。知覚できない何かを知覚しようとすれば、あらゆる知覚が失われる。かつて決して見たことがないものを見ようとすれば、まさにその努力の中で、自分が今まで見たいっさいは消え失せる。

もしこの努力をあくまでも続ければ、いろんな心像《イメージ》が現れるだろう。そんな心像は捨て去ることだ。そうした心像は、かつて見たことがあるものだし、知覚できるものだ。実際に見たことはないかもしれない——でも、想像できるということは、知覚できるということだ。だから捨て去る。どこまでも捨てる。この技法いわく、知覚できないものに至るまで、あくまでも続ける。

何が起こるか。あくまで捨て去るというのは、たいへんな努力だ。いろんな心像が沸き上がってくる。いろんな心像がマインドからやってくる。いろんな夢や、いろんな概念や、いろんな象徴が現れてくる。マインドは新しい組合わせを作り出す。しかし、あくまで捨て去る――知覚できないものが起こるまで。

それは何か。

どこまで捨て続けていっても、べつに何かの対象が現れるわけではない。ただそこに心の銀幕《スクリーン》があるだけだ、そしてその上には、何の心像も、何の象徴も、何の夢も、何の画像もない。その瞬間、変身が起こる。

何の心像《イメージ》もなく銀幕がただそこにあるとき、あなたは自己に気づく。あなたは知覚者に気づく。知覚するものが何もなくなったとき、注意がガラリと変化する。意識がガラリと後ろへ向きを変える。見るものが何もないとき、あなたは初めて自分の自己に気づく。あなたは自己を見始める。

スートラは言う、

思惟してみる――
知覚を超えたもの、把握を超えたもの、
非存在を超えたものを。あなた。

そして「あなた」があなた自身に起こる。初めてあなたは気づくようになる――知覚していた者に、把握していた者に、知っていた者に。

この主観はつねに対象の中に隠れている。あなたは物事なら知っているが、決して知る者を知ることがない。その知る者は知識の中に失われている。

私があなたを見る。それからまた私は、ほかの人を見る。そしてこの行列はどこまでも続く。生まれてから死ぬまで、これを見てそれを見てあれを見て、見ることには際限がない――でもその見る者、この行列を見続けている者は、忘れられている。群衆の中に失われている。この群衆が対象物であり、主観は失われている。

スートラいわく、もし知覚を超えたもの、把握を超えたものを思惟しようとすれば、つまりマインドによって把握できないもの、非存在を超えたものを思惟しようとすれば、マインドは直ちにこう語る、「見ることも把握もできないものは存在しない」。マインドは直ちにこう反応する、

「見ることも知覚も把握も可能でないものは存在しない」。マインドは「そんなものはない」と言う。でもそれにだまされてはいけない。

スートラは言う、

知覚を超えたもの、把握を超えたもの、非存在を超えたもの。

マインドは言う、「そんなものはない、存在できない、非存在だ」。スートラいわく、それを信じてはいけない。非存在を超えた何かが存在している。それは知覚できず、把握可能でもない。でも存在している。それはあなただ。

あなたは自己を知覚できない。はたしてできるだろうか。はたして、自己に直面できるような状況や、自己を知ることのできるような状況が、想像できるだろうか。人々はよく「自己知」という言葉を使うが、それはまったく道理に外《はず》れている。なぜなら自己は知ることができないからだ。自己はつねに「知る者」だ。決して「知られるもの」にはならない。決して対象にはならない。

たとえば、あなたが「私は自己を知っている」と考えたとしよう、でもその際、あなたの知っているその自己はあなたの自己ではない――その自己を知っている者こそが自己だ。あなたはつねに「知る者」としてとどまり、「知られるもの」となることがない。決して、あなたの自己は自分の前に持ちだせない。あなたはつねに後に退く。あなたの知っているものが何であれ、それはあなたの自己ではない。つまり、あなたは自己を知ることができない。ほかの物を知るような具合に自己を知ることはできない。

たとえば私は、あなたを見るような具合には、自己を見るわけにはいかない。そんなことが誰にできるだろう。「知識」、「見ること」、「知覚」といった関係性には、少なくとも二つのものが存在している。「知られるもの」と「知る者」だ。自己知とは、このような意味では不可能だ。なぜなら、ひとつのものしかないからだ。つまり「知る者」と「知られるもの」がひとつだ。観察者と観察物とがひとつだ。自己自身を対象物に変換するわけにはいかない。

だから「自己知」という言葉は誤りだ。でもそこには何らかの真理が含まれている。つまり、物事を知るのとはまったく違った意味で、自己を知ることは可能だ。知るものが何もないとき、いっさいの対象が消え去るとき、もはや知覚できるものも把握できるものもすべてなくなるとき、あなたがいっさいを捨て去るとき、突然、あなたは自己に気づく。そしてこの気づきは二元的なものではない。そこには対象も主観もない。ただ主観性だけがある。

この気づきは別種の知だ。この気づきは、存在の別の次元をもたらす。もはやあなたは二つに分裂していない。あなたは自分自身に気づいている。べつにそれを知覚しているわけでも、把握しているわけでもない。それは〈存在〉的だ――もっとも〈存在〉的なものだ。

こう考えるといい。私たちにはエネルギーがある。そのエネルギーは絶えず対象に向かっている。エネルギーは決して静的ではない。これは究極的な法則のひとつだ――エネルギーは決して静的ではない。エネルギーはあくまでも動的だ。動的であることがその本性だ。エネルギーは動く。私があなたを見るとき、私のエネルギーはあなたに向かって動く。そして私があなたを知覚するとき、そこに円環が作られる。私のエネルギーがあなたに向かって動き、そして私のもとへと帰ってくる。そうして円環が作られる。

もしエネルギーがあなたに向かったままで戻ってこなかったら、私はあなたを知ることがない。円環というものが必要だ。エネルギーはあなたを運んでくる。エネルギーはあなたに向かい、そして戻ってくる。エネルギーはあなたを運んでくる。そして私はあなたを知る。知識とは、エネルギーが円を描くということだ。つまり、主観から対象へと動き、そして再び源泉へと戻ってくる。もし私がいつまでもこんな仕方で生きていたら、つまり他者と円環を作りながら生きていたら、決して自己を知ることがない。なぜなら私のエネルギーは他者のエネルギーに満たされるからだ。そしてそのエネルギーは、他者の心像《イメージ》を私へともたらし、伝える。このようにして人々は知識を集める。

この技法いわく、対象をそこから消し去り、自分のエネルギーを空虚に向かわせる——。エネルギーはあなたから発せられるが、把握されるべき対象、知覚されるべき対象はない。ただ空虚の中を進み、あなたへと戻ってくる。そこに対象はない、だから何の知識ももたらさない。空っぽで、空虚で、純粋なまま、戻ってくる。何ももたらすことがない。それ自身をもたらすだけだ。それは手つかずのまま戻ってくる。何物も中に入っていない。純粋なままだ。

これこそが瞑想というものの働きだ。ただ静かに座り、エネルギーは動く。そこには何の対象もない——対象によって汚染されたり、取り込まれたり、印象づけられたり、一体となったりしない。エネルギーは自分の許に戻ってくる。そこには何の対象も、何の思考も、何の心像もない。エネルギーは動く。その動きは純粋だ。そしてあなたの許へ戻ってくる——手つかずのままで。あなたを発したときと同じまま戻ってくる。何も運んでいない。空っぽの乗り物として、あなたのもとに戻り、あなたを打つ。何の知識も運ばず、自分だけで戻ってくる。そのように純粋なエネルギーに貫かれることによって、あなたは自己に気づく。

もしそのエネルギーがほかの何かを運んできたら、あなたはその何かに気づく。たとえば、あなたが花を見る。エネルギーがその花をあなたのもとに運んでくる——花の像や花の香りや花の色を——エネルギーはその花を運んでくる。その花をあなたに紹介する。そうしてあなたは花と知り合いになる。そのエネルギーは花によっておおわれている。
だからあなたは決して、そのエネルギーそのものと知り合いになることがない——あなた自身であるその純粋なエネルギーと——。あなたは絶えず他者へと向かい、そして源泉へと戻ってくる。
もし印象づけられるものが何もなかったら、もし何物にも条件づけられなかったら、もし発したときと同じままに戻ってきたら、もし自分だけを運び、ほかの何物も運んでいなかったら、そのとき、あなたは自己に気づく。それはエネルギーの純粋な円環だ。つまり、エネルギーがほかのものに向かって動くのではなく、あなたの内側で動き、あなたの内側で円環を作っている。もはやそこには誰もいない。ただあなたが自分自身の中で動いている。この動きが自己知となり、自己解明となる。そもそも、いろいろな仕方でそれを行なうのが、瞑想技法というものだ。

思惟してみる——
知覚を超えたもの、把握を超えたもの、
非存在を超えたものを。あなた。

もしこのことが起こったら、初めてあなたは、自己に、自分の存在に、主観性に気づく。

知識には二種類ある。それは対象物の知識と、主観性の知識だ。「知られるもの」・「知り得るもの」の知識と、「知る者」の知識だ。たとえ百千万のものを知り得たとしても、世界全体のことに精通したとしても、その人間が「知る者」に気づいていなかっら、彼は無知だ。知識豊富であるかもしれないが、それは賢さではない。いろんな情報、いろんな知識を集めているかもしれないが、智者となるべき根本的な一点を欠いている。つまり、自己に気づいていない。

ウパニシャッドにこんな物語がある。少年スヴェタケトゥが師の許から自分の家に帰ってきた。彼はすべての試験に優等で通過《パス》していた。師の与えるものすべてを、彼はもらさず集めた。そしてひどく増長していた。

父の家に帰り着いたとき、まず最初に父の尋ねたことはこうだった、「おまえはどうやら知識でいっぱいになっているようだ。そしてその知識がおまえをひどく増長させている。その歩き方といい、家に入るその入り方といい……。ひとつだけ聞きたい。おまえはすべてを知る者を知ったか。おまえはそれを知ればすべてが知られるものを知ったか。おまえは自己を知ったか」

スヴェタケトゥは言った、「でも学校にそんな学科はありませんでした。先生も、決してそのことを語りませんでした。私は、知り得ることはすべて知りました。お父さんに何を聞かれても、私はそれに答えましょう。でもそんな質問は困ります。今まで一度も考えたことがありません」

父親は言った、「それでは戻りなさい。それを知ればすべてが知られるものを知らないかぎり、そしてそれについては何も知られないものを知らないかぎり、帰ってきてはいけない。まず自己を知るのだ」

スヴェタケトゥは戻った。そして師に尋ねた、「私の父は、家に戻ってはいけないと言います。父は私を受け入れてくれません。父の言うには、『うちの家はバラモンであるが、それは血筋によるものではない。うちの家の者は今までみな、智者であり、ブラフマ(梵、真理)を知る者であり、バラモンだったが、それはたんに血筋によるものではなく、真正な智恵によるものだ』。そこで父は言うのです、『お前が血筋によってではなく、ブラフマを知ることによって、〈究極〉を知ることによって、バラモンとならないかぎり、家に入ってはいけない。家に入る資格はない』と。ですから先生、そのことについてお教えください」

教師は言った、「教えられることはすべて教えた。でもそのことは、教えられるようなものではない。だからこうするのだ――ただ準備だけしておきなさい。直接教えるわけにはいかない。ただ受容的になることだ。そうすれば、ある日それは起こる。この道場《アシュラム》の牛を……」、道場には四百頭にのぼる牛がいたそうだ、「牛をぜんぶ森に連れて行き、牛と一緒に過ごしなさい。思考を止め、言葉を止め、ただ一頭の牛となる。牛たちとともにとどまり、牛を愛し、牛のように沈黙する。そして牛の数が一千になったら戻ってきなさい」

そこでスヴェタケトゥは四百頭の牛とともに森へ行った。そこでは思考の必要もなく、語りかける者もいなかった。徐々に彼の心は牛のようになっていった。彼は沈黙して木の下に座り、そして何年ものあいだ待った。牛が一千にならないかぎり戻れなかったからだ。徐々に、彼の心から言語が消え失せた。徐々に、彼の心から社会が消え失せた。徐々に、彼はまったく人間でなくなっていった。彼の目は、まさに牛の目のようになった。

この物語はたいへん美しい。この物語によれば、彼は数の数え方を忘れた。言語が消え失せたら、言葉が消え失せたら……。彼は数え方を忘れた。いつ戻るかを忘れた。この物語は美しい。牛たちは言った――「スヴェタケトゥ、私たちは一千になった。さあ先生のところへ戻ろう。きっと待っているに違いない」

スヴェタケトゥは戻った。師は別の弟子に牛を数えるように言った。

弟子は牛を数え、そして言った、「確かに一千頭います」

しかし師はこう言ったそうだ、「一千頭ではない。一千と一頭――それはスヴェタケトゥだ」

彼は牛たちのただ中に立っていた――静かに、ただそこにいて、何の思考も、何のマインドもなかった。まさに牛のように、純粋で、単純で、無垢だった。師は言った、「中に入らなくていい。父の家に帰りなさい。おまえはもう知った。それはおまえに起こった。なぜ私のところへ戻ってきた。それはもうおまえに起こっている」

　それは起こる。心《マインド》の中に知るべき対象がなくなるとき、「知る者」はあなたに起こる。心が思考によって満たされていないとき、小波《さざなみ》ひとつないとき、あなたはただひとりそこにいる。あなたのほかには誰もいない。あなたははっきりと自己に気づく。初めてあなたは自己によって満たされる。自己解明が起こる。

　このスートラは基本的なもののひとつだ。試してごらん。これは骨が折れる。対象にしがみつこうとする癖、知覚可能なもの把握可能なものにしがみつこうとする癖は、根深いものがあり、深く染み込んでいる。だから、時間と辛抱強い努力が必要だ――対象に巻き込まれず、思考に巻き込まれず、ただ観照者となり、「違う、これでもない、これでもない」と言ってそれらを捨て去るような、辛抱強い努力が必要だ。

　ウパニシャッドの全技法は二つの言葉に集約できる――ネティ、ネティ、「これでもない、これでもない」――。

　何が心《マインド》に現れようとも、「これではない」と言う。どこまでもそのように言い続け、家具をすべて捨て去っていく。部屋を空っぽにする――すっかり空っぽに。空虚がそこにあるとき、そのことが起こる。ほかの何かがそこにあったら、あなたはいつもそれによって印象づけられ、自己を知ることができない。あなたの無垢は対象の中に失われている。思考に駆られた心は外に向かう。するとあなたは自己に関わることができない。

87 「私はいる」と感じる

第二の技法、

私は存在している。
これは私のものだ。これこそこれだ。
おお、愛しき者よ、
そういうものの中で、はてしなく知れ。

私は存在している。あなたは決してその感覚の中に深く入らない。

私は存在している。あなたは存在している。でもあなたは決してその現象を深く掘り下げない。

シヴァは言う、

私は存在している。
これは私のものだ。これこそこれだ。
おお、愛しき者よ、
そういうものの中で、はてしなく知れ。

禅にこんな逸話がある。友人が三人連れで、道を歩いていた。陽は沈みかけ、あたりは薄暗くなってきた。すると、近くの丘の上に僧ひとりが立っている。三人はその僧について語り始めた。いったいあそこで何をしているんだろう。三人のうちひとりが言った、「きっとあの僧は友を待っているんだ。庵から出て散歩しているうちに友が遅れてしまって、それを待っているんだ」

二番目の男がそれを打ち消して言った、「いや、そうではない。もし誰かを待っているんなら、ときどき後を振り返るはずだ。でも僧はまったく振り返らない。だから私の思うには、あの僧は誰かを待っているのではなく、自分の牛を見失ってしまったんだ。夕暮れは迫り、陽は沈みかけ、もうすぐ暗くなる。だから僧は牛を探しているんだ。丘の上に立って、あの森のどのへんに牛がいるか、見渡しているんだ」

三人目が言った、「いやそんなことはあるまい。僧はあんなに静かに立っている。まったく動かない。そしてどうやら何も見ていないようだ。目を閉じている。きっと祈りをあげているに違いない。べつに迷子になった牛や、遅れた友を探しているのではない」

そしていっこうに結論が出なかった。三人は論議に論議を重ね、ついには、「よし、それなら丘の上へ行って、僧に何をしているのか聞こう」ということになった。

三人は、僧のもとにやって来た。最初の男が聞いた、「あなたは友を待っているのか――後からやって来る友を」

僧は目を開け答えた、「私は誰も待っていない。私には待つべき友も敵もいない」。彼は再び目を閉じた。

二人目が言った、「だったら私の言う通りだ。あなたは森で見失った牛を探しているのだろう」

僧は言った、「いいや。私は誰も探していない。牛も誰もだ。私は自分自身のほか、誰にも関心はない」

三番目が言った、「それならまさしく、絶対に、私の言う通りだ。あなたは祈りか瞑想のようなものをやっているのだろう」

僧は目を開け言った、「私は何もしていない。ただ、ここにいるだけだ。私はただここにいて、まったく何もしていない。私はただここにいるだけだ」

これが仏教徒の言う瞑想だ。もし何かをしていたら、それは瞑想ではない。遥かにかけ離れている。もし祈っていたら、それは瞑想ではない。それはおしゃべりだ。もし何か言葉を使ったら、それは祈りでも、瞑想でもない。そこにはマインドが介在している。僧の言ったことは正しい、「私はただここにいるだけだ。何もしていない」

スートラは言う、

私は存在している。

この感覚の中に深く入っていく。ただ座り、この「私は存在している、私は在る」という感覚の中に深く入っていく。考えるのではなく、感じるのだ。心《マインド》の中で「私は在る」と語ったところで、何の意味もない。頭はすべてを台無しにする。決して頭の中で「私は在る、私は存在している」などと繰り返してはいけない。それは無意味だ。役に立たない。それでは要点を見失ってしまう。

このことを、奥深く、骨の髄で感じる。体全体で感じる。頭の中でなく、自分の存在全体で感じる。「私は在る」とひたすら感じる。しかし、「私は在る」という言葉を使ってはいけない。私はこうしてみんなに語っているので、「私は在る」という言葉を使っている。シヴァはパールヴァティに語っていたので、「私は存在する」という言葉を使う必要があった。でもあなたはいけない。

それを繰り返してはいけない。これはマントラではない。決して「私は存在している、私は存在している」と繰り返すものではない。繰り返したら眠りに陥ってしまう。自己催眠にかかってしまう。

同じことを絶えず繰り返したら、自己催眠にかかってしまう。きっとそれに飽き飽きし、それから眠気を覚え、そして気づきが失われる。そうしてあなたは、じつに爽快な気分で目覚めることだろう——ちょうど深い眠りから覚めるのと同じに。それは健康にいいが、瞑想ではない。不眠症に悩まされている人ならマントラを使うのもいいだろう。精神安定剤と同じくらい役に立つ——それに勝るほどだ。何かの言葉を絶えず単調に繰り返していれば、眠りに陥ってしまう。

単調さを生み出すものは、すべて深い眠りをもたらす。だから、精神分析家や心理学者はいつも、不眠症に悩む人々に対し、時計のチクタク音に耳を傾けるように言う。ずっと耳を傾けていれば、やがて眠りに落ちていく。そのチクタクが子守歌になる。

母親の子宮の中にいる子供は、九ヵ月間眠り続ける。母親の心臓はトックトックと打ち続ける。それが条件づけとなる。心臓の絶え間ない繰り返しが、深い条件づけとなる。だからこそ、胸元にかき抱かれると心地よく感じるのだ。トックトックという音に眠気が誘われ、安らぎをおぼえる。何であれ単調さをもたらすものは、やすらぎをもたらす。そしてあなたは眠りに落ちる。

村に行けば、都会にいるときよりも深く眠れる。村は単調だ。都会は単調でない。いつでも何か新しいことが起こっている。様々な交通騒音は絶えることがない。村では何もかもが単調だ、同じだ。実際、村には何のニュースもない。何も起こらない。すべてが円を描いて動く。だから村人は深く眠る、なぜなら周囲の生活が単調だからだ。都会では眠るのが難しい。なぜなら、周囲の生活がひどくめまぐるしく、すべてが変化するからだ。

どんなマントラを使ってもいい。ラム、ラム、オーム、オーム……何でもいい。「イエス・キリスト」と言ってもいいし、「アヴェ・マリア」と言ってもいい。どんな言葉でもいいから、それを単調に唱える。するとそれは深い眠りをもたらす。あるいは、こんなこともある……ラマナ・マハリシは、かつて「私は誰」という技法を人々に与えた。ところが人々はそれをマントラとして使い出した。目を閉じて座り、「私は誰？　私は誰？」と繰り返す。それがマントラとなり、もともとの目的からそれてしまった。

だから、この技法をマントラにしてはいけない。座って、「私は存在している」とか言ってはいけない。その必要はない。自分が存在していることは誰でも知っているし、あなたもまた知っている。だからその必要はない。無意味なことだ。必要なことは、「私は存在している」と感じることだ。感じることは別物だ。まったくの別物だ。考えることは、感じることから逃れるためのトリックだ。別物であるばかりでなく、欺瞞だ。

「私は存在している」と感じる、それはどういう意味か。私は今この椅子に座っている。もし私が「私は存在している」と感じ始めれば、いろんなことに気づくようになる――椅子の柔らかさ、ビロードの感触、部屋をわたる空気、体に触れる雑音、静かに循環する血液、心臓、絶えず続く呼吸、そして体の微妙な振動。体とは一個のダイナミズムだ、だからじっとしてはいない。波動がある。微妙な振動が絶えず存在し、その振動はあなたの生きている間じゅう続く。

あなたはこのような、多次元的なものに気づくようになる。自分に起こっているいろんなことに気づけば気づくほど……。自分の内外に起こっているすべてに気づくことが「私は存在している」ということだ。もしこのように気づけば、思考は止まる。「自分は存在している」と感じることは、たいへん全面的な現象であるから、思考は継続できない。


最初のうちは、思考が漂ったりすることだろう。しかし〈存在〉に根づくに従い、徐々に「自分は存在している」という感覚の中に落ち着き、思考は遠ざかっていく。そこには距離が感じられる――まるで思考が自分に起こっているのではなく、誰か他人に起こっているかのように、はるか遠くに感じられる。そこには距離がある。さらにあなたが本当に根づき、存在の中に基礎を据えれば、マインドは消え去る。そしてあなたはそこにいる――ひとつの言葉もなく、内側にひとつのイメージもなく。

なぜそれが起こるのか。マインドというのは、他者と関係するための「活動」だ。私があなたと関係するときには、マインドや言語や言葉が必要だ。それは社会的現象であり、ひとつの集団的活動だ。だから、独りごとを言っている人間も、じつはひとりではない。彼は誰かと語っている。自分ひとりでいるときでも、語っているときには誰かと語っている。決してひとりではない。どうしてひとりで語れるだろう。実際にはマインドの中に誰かが存在しており、その人間と語っている。


ある哲学教授の自叙伝の中に、こんな話がある。彼はある日、五歳になる自分の娘を学校に連れて行くことになっていた。娘を学校に連れて行ってから、大学へ行って講義をすることになっていた。そこで、彼は道中、講義の下稽古をした。横の座席に座っている娘のことはすっかり忘れ、車の中で大声で講義を始めた。娘はしばらくの間それを聞き、それから言った、「パパ、誰とお話してるの。あたしと。それともほかの人と」

たとえひとりで話をしていても、決して相手がいないわけではない。いつも誰かと一緒だ。相手は必ずしもそこにいないが、あなたにとってはそこにいる。あなたのマインドにとっては、相手はそこにいる。思考とはすべて対話だ。思考それ自体が対話であり、社会的活動だ。だからこそ、子供がまったく社会に関わりなく育てられると、どんな言語も覚えないのだ。その子には言語化の機能がない。あなたに言語を与えるのは社会だ。社会なしに言語はない。言語とは社会的現象だ。

自己に根づくとき、もはや社会はなくなる。もはや誰もいなくなる。自分ひとりが存在する。マインドは消え失せる。あなたは誰にも関係していない。想像にさえ関係していない。だからマインドは消え失せる。あなたは、マインドなしに、そこに存在する。これこそ瞑想というものだ――つまり、マインドがなく、完璧に覚醒し、意識的であり、無意識的でなく、〈存在〉をその全面性において感じ、その多次元性において感じるということだ。マインドは突然消え失せる。マインドとともにいろんなものが消え失せる。マインドとともに自分の名前が消え失せ、マインドとともに自分の形態が消え失せ、マインドとともに自分のヒンドゥー教徒なりイスラム教徒なりパルシー教徒なりが消え失せ、マインドとともに自分の善人なり悪人なりが消え失せ、マインドとともに自分の聖者なり罪人なりが消え失せ、マインドとともに自分の醜かったり美しかったりが消え失せる――すべてがだ。自分の上にあったいっさいのレッテルが突然なくなる。そしてあなたは自己の原初的な純粋さの中にいる。自己の全面的な無垢の中、処女性の中にいる――しっかりとし、浮遊せず、「存在するもの」に根づいている。

マインドがあれば、過去に向かうことができる。マインドがあれば、未来に向かうことができる。マインドがなければ、過去にも未来にも向かえない。マインドがなければ、あなたは今ここにいる。今この瞬間が永遠だ。この瞬間のほかには何も存在しない。至福は起こる。探しに出かける必要はない。この瞬間に根づいていれば、存在の中に根づいていれば、あなたは至福に満ちる。そしてこの至福とは、真の意味ではあなたに起こるものではない。あなたこそが至福だ。

私は存在している。

試してごらん。これはどこでもできる。バスに乗っているときでも、汽車に乗っているときでも、ただ座っているときでも、寝床で横になっているときでも、〈存在〉をあるがままに感じるよう努める。それについて考えない。突然、あなたは気づくだろう――絶えず自分に起こっていながら自分の知らなかったことがいかに多いかを。

あなたは自分の体を感じたことがない。あなたには手があるが、いまだそれを感じたことがない――いったい手が何を語っているか、手が絶えず何をあなたに伝えているか、手がどのように感じているか……。

ときには手が重たく悲しいこともあるだろう、幸福で軽いこともあるだろう。ときにはすべてが流れ込み、ときにはすべてが死んでいる。ときには生き生きと踊っているように感じられ、ときには生きていないように感じられる――凍りつき、生気なく、ただぶらさがっている……生きていない。

自分の存在を感じるようになると、自分の手の気分や、目の気分や、体の気分を知るようになる。それは大きな現象だ。そこには微妙な陰影がある。体は絶えず語りかけるが、それを聞くあなたがいない。また、あなたを取り巻く〈存在〉は、微妙な仕方で、いろんな仕方で、絶えずあなたの中に入ってくるが、あなたは気づいていない。それを受け取るあなた、喜び迎えるあなたがいない。

〈存在〉を感じるようになったら、世界全体はあなたにとって生き生きしたものになる――あなたが今まで知らなかったような、まったく新しい仕方で生き生きとなる。そのときには、同じ道路を通っても、その道路は同じでない。なぜならあなたはもう〈存在〉に基礎を据えているからだ。同じ友人に会っても、その友人は同じでない。なぜならあなたが変わったからだ。自分の家に帰れば、何年も連れ添った妻が同じでなくなっている。

自己の存在に気づけば、他者の存在にも気づくようになる。たとえば妻が怒ったとしても、その怒りでさえ楽しめるようになる。なぜなら、そこに起こっていることがわかるからだ。それがわかったら、おそらく怒りは怒りに見えなくなるだろう。怒りは愛になるかもしれない。深いところでそれがわかったら、怒るということは、自分が愛されているという印になる。そうでなければ怒ったりしない——構ったりしない。彼女は今日も一日中あなたを待っていた。あなたを愛しているからこそ怒るのだ。つまりあなたに無関心でいられない。

そもそも、怒りや憎しみは、真の意味で愛の反対物ではない。無関心こそが愛の反対物だ。もし相手に無関心にされたら、それは愛がなくなったということだ。もし相手が怒ることすらしなかったら、それはすべてがなくなったということだ。でも普通は、もし妻が怒ったら、あなたはもっと暴力的に反応し、攻撃的になる。その象徴的な意味が理解できない。あなたは自己に根づいていない。いまだ自分の怒りを真には知らない。だから他人の怒りも理解できない。

もし自分の怒りを知ったら、もしそれを全面的に感じることができたら、他人の怒りもまたわかるようになる。あなたが怒るのは、相手を愛していればこそだ。さもなければ怒る必要がない。怒るということは、まだ妻が夫を愛しているということだ。彼女は夫に無関心でない。彼女は、ずっと待っていた。そしてその待っていたことが怒りとなった。

彼女は直接それを言わないかもしれない。なぜなら感覚の言語は直接的ではないからだ。そしてそれは今日《こんにち》大きな問題となっている。つまり、人々は感覚の言語が理解できない。あなたは自分の感覚を知らない。あなたは自分の存在に根づいていない。理解できるのは言葉だけで、感覚の方は理解できない。感覚には感覚の表現方法がある。そして感覚の方が根本的で真実だ。

いったん自己の存在に馴染んだら、他人の存在にもまた気づくようになる。人は誰でも大きな神秘だ、人は誰でも深い淵だ。どこまで行っても、きわめつくせない。そして誰もが待っている——どこかの誰かが自分の中に深く分け入り、そのハートを感じてくれないかと。

でも、自分のハートを知らないかぎり、他人のハートを知ることはできない。もっとも身近なハートがわからなくて、どうして他人のハートがわかるだろう。

あなたは死体《ゾンビ》として動きまわる。そして死体の群衆の中を動きまわる。誰もがぐっすり眠っている。あなたの持っている覚醒はほんの少しだ——眠りこけた人々の間をすりぬけ、無事に家に帰りつくというだけだ。そのくらいの覚醒しか持っていない。これは人間に可能な最小限だ。だからこそあなたは、ひどく退屈し、ひどく鈍重なのだ。生とはまさに長い重荷であり、誰もが奥底では死を待ち望み、生から解放されようとする。まるで死が唯一の希望であるかのように。

なぜそんなことが起こるのか。生とは無限の至福ともなるものだ。なぜそんなに退屈なのか。それはあなたが生に根づいていないからだ。あなたは根無しだ、そして最小限に生きている。最大限に生きて初めて、真の意味で生は起こる。

このスートラはあなたに最大限の生をもたらす。思考はあなたに最小限しかもたらせないが、感覚はあなたに最大限をもたらす。マインドを通じて〈存在〉に至る道はない。ハートを通じて行くのが唯一の道だ。

私は存在している。このことをハートを通じて感じる。そして「この存在は私のものだ」と感じる。

これは私のものだ。これこそこれだ。これはたいへん美しい。

私は存在している。このことを感じ、そこに根づく。それから、これは私のものだと知る。つまり、「この〈存在〉、この溢れ出る存在は、私のものだ」と。

あなたはいつも、「この家は私のものだ、この家具は私のものだ」と言う。あなたはいつも自分の所有物について語るが、自分の真の所有物についてはまったく知らない。あなたは存在全体を所有している。あなたはもっとも深い可能性を所有している。〈存在〉の中心核があなたの中にある。

シヴァは言う、私は存在している。それを感じるのだ——これは私のものだ。

しかし、この場合にも思考にしてはいけない。いつもその点に気をつけ、感じるのだ——「これは、この〈存在〉は、私のものだ」。するとあなたは感謝の念を持つ。どうして今のあなたに神への感謝が可能だろう。あなたの感謝は表面的だ、形式的だ。何という不幸だろう——神に対してさえ私たちは形式的だ。なぜ今のあなたに感謝することができるだろう。あなたはまだ感謝すべき物を何も持っていない。

自分が〈存在〉に根づいていると感じたら、そして自分が〈存在〉と溶け合い、それとともに溢れ出すと感じたら、そして〈存在〉とともに踊り出しさえするようだったら、そのときあなたは感じるだろう、「これは私のものだ。この〈存在〉は私に属している。この神秘的な宇宙全体は、私に属している。この〈存在〉全体は、今まで私のために存在してきた。〈存在〉全体が私を創造した。私はその花だ」

あなたに起こったこの意識は、かつて宇宙に起こったものの中でも、もっとも偉大な花だ。そして何百万年もの間、地球はあなたの出現を準備してきた。

これは私のものだ、これこそこれだとは、こんな感覚だ──「これこそ生というものだ。これこそこれだ。あるがままのこれだ。私は不必要に悩んでいた。私は不必要に乞食だった。不必要に乞食のまねをしてきた。私は主人だ」

根づくということは、全体とひとつになることだ。そして〈存在〉はあなたのために存在している。あなたは乞食ではない。突然あなたは皇帝になる。これこそこれだ。

おお、愛する者よ、そのようなものの中で、はてしなく知れ。

そして、このことを感じているとき、決してそこに限界を設けてはいけない。はてしなく感じるのだ。それに境界線を設けてはいけない。そもそも境界線などない。世界に終わりはない。世界には、始まりもなければ、終わりもない。〈存在〉には始まりも終わりもない。あなたにもまた、始まりもなければ終わりもない。

始まりと終わりはマインドに由来する。マインドには始まりもあるし、終わりもある。自分の生涯を逆戻りしてみれば、やがてある一点で、すべては停止してしまう。そこに始めがある。思い出すことができるのは三歳くらいまで、あるいはせいぜい二歳といったところ——これは稀だ——そこで記憶は停止する。二歳までは逆戻りできる。それはいったい何を意味するか。そしてそれ以前のこと、二歳以前のことは思い出せない。突然空白がやってきて、何もわからなくなる。はたしてあなたは自分の出生のことを覚えているだろうか。母親の子宮にいた九ヵ月のことを覚えているだろうか。あなたはそこにいた。でもマインドはそこになかった。マインドは二歳頃に始まる。だからそこまでは逆戻りできる。それ以前にはマインドがない、だから記憶は停止する。マインドには始まりがある。マインドには終わりがある。でもあなたに始まりはない。

深い瞑想の中、〈存在〉が感じられるような瞑想の中には、マインドはない。するとあなたは、始めも終わりもないエネルギーの流れに、宇宙的な力に、無限の大海にとりまかれ、そしてその中のひとつの波になる。波には始めも終わりもあるが、大海にはない。そしていったん「自分は波ではなくて大海だ」と知れば、いっさいの苦悩は消え失せる。

あなたの苦悩の奥底にひそむものは何か。その奥底には、死がある。やがて終末がやってくる――あなたはそれを恐れている。死は絶対的に確実だ。死ほど確実なものはない。それで恐れやおののきがある。何をしようと、あなたは無力だ。なすすべもなく、死はやってくる。そしてこのことが、意識的・無意識的なマインドの中に流れ続けている。ときどき、それが意識の中で火を噴き、あなたを脅《おびや》かす。それであなたはそれを下に押し込める。するとそれは無意識の中で継続する。絶えずあなたは、死を、終わりを、恐れている。

マインドはいずれ死ぬが、あなたは死なない。でもあなたは自己を知らない。あなたの知っているものは、生み出されたものだけだ――それには始まりがある、だからいずれ終わる。始まったものは必ず終わる。もしあなたが自己の存在の内側に、決して始まらないものを、ただ在るものを、終わることのないものを見つけたら、そのとき死の恐怖は消え去る。そして死の恐怖が消え失せたとき、初めて愛が溢れ出す。

いずれ死が現れるというときに、どうして愛することができるだろう。誰かに執着することはできるだろうが、愛することはできない。誰かを利用することはできるだろうが、愛することはできない。誰かを搾取することはできるだろうが、愛することはできない。

恐怖がそこにあるとき、愛は不可能だ。恐怖とは毒だ。恐怖を奥深くに秘めていたら、愛は花開かない。誰もがいずれ死ぬ。誰もが列を作って自分の順番を待っている。だとしたらどうして愛せるだろう。いっさいが無意味に感じられる。もし死が存在したら、愛は無意味に見える。なぜなら死がすべてを破壊するからだ。愛でさえも永遠でない。恋人に対して何かしようと思っても、何もできない、なぜなら死は避けられないからだ。死はあらゆるものの背後で待ち構えている。

それを忘れることもできるだろう、見せかけを作り出すこともできるだろう、「死は存在しない」と信じ込むこともできるだろう。でもそんな信じ込みは表面的なものだ。深いところでは死の存在を知っている。そしてもし死が存在したら、生は無意味なものとなる。いくら人為的な意味を生み出しても、たいした役には立たない。しばらくの間は役に立つこともあるだろう、しかし再び現実は火を噴き、その意味は失われる。あなたにできることは、絶えず自己をだまし続けることだけだ——始まりも終わりもないもの、死を超えたものを知るようにならないかぎり。

いったんそれを知ったら、愛は可能になる。もはや死はなくなるから、愛は可能になる。ブッダはあなたを愛する。イエスはあなたを愛する。でもその愛はあなたにはまったく未知のものだ。その愛が現れるのは、恐怖が消え去った後だ。あなたの愛はじつのところ、恐怖を避けるための仕組だ。だからこそ、誰かを愛すると恐怖を感じなくなるのだ。相手があなたに力を与える。

そしてこれは相互的な現象だ。あなたは相手に力を与え、相手もあなたに力を与える。お互いに弱いから、お互いに相手を探している。二人の弱い人間同志が出会い、互いに助け合って強くなる。驚くべきことではないか！　そんなことがどうして起こるのか。それは信じ込みの力だ。つまりあなたはこう感じる、「誰かが自分の後ろにいてくれる、誰かが自分と一緒にいてくれる」……。

でも、あなたは知っている——死んでも一緒にいられるわけではないことを。死んで一緒にいられない人間が、どうして生きているとき一緒にいられるだろう。それはたんなる引き伸ばしだ。死の回避でしかない。恐れているからこそ、その恐怖を除いてくれる人間が必要となるのだ。

エマーソンがどこかで書いているが、最強の戦士でさえ自分の妻の前では臆病者だ。ナポレオンのような人間でさえ臆病者だ。妻は知っている——「夫は私の力を必要としている」、「夫は私があってこそ自分を保てる」、「彼は私に頼っている」と。

彼は戦いから帰って来る、戦闘から帰って来る、彼は震えている、恐れている。彼は妻の中で憩う、妻の中で安らぐ。妻は彼を慰める——彼はまさに子供のようになる。夫というのはみな妻の前では子供だ。そして妻の方はどうか。彼女もまた夫に頼っている。彼女は夫を通じて生きる。彼女は夫なしに生きられない。夫は彼女の命だ。

これは相互的な欺瞞だ。どちらも恐れている——死はそこにある。二人は互いに相手を愛そうと努め、死を忘れようとする。愛する者たちは恐れることがない、あるいは、そのように見える。ときによっては、死に対してさえ、何の恐れもなく立ち向かう。でもそれは表面的なものだ。

私たちの愛は恐怖の一部だ。恐怖から逃れるためのものだ。真の愛が起こるのは、恐怖がないときであり、死が消え失せたときであり、「自分には決して始まりも終わりもない」と知ったときだ。考えてはいけない。恐怖のせいで、あなたはこう考えかねない——「私は知っている。私には終わりがない、私は死なない、魂は不滅だ」。恐怖のせいでそう考えかねない。でもそれは役に立たない。

瞑想の中に深く入れば、それは起こる。恐怖は消え失せる。そしてあなたにとって、自己はかぎりないものとなる。あなたはかぎりなく拡がっていく——過去にさかのぼって、未来に向かって……。そして今この瞬間、この現在の瞬間、その深みの中に、あなたは在る。あなたはただ在る——決して始まることもなく、決して終わることもない。

このことを感じてみる——はてしなく、無限に。

第四章

自分自身から自由になる

――◎質問◎――

◎

自由と明け渡しは矛盾するのではないでしょうか。

◎

これとあれとブラフマは違うのですか。

◎

神性への欲求は超越すべきものでしょうか。

◎

どうやって恐怖を取り除くのですか。

◎

この水の流れるような音は何でしょうか。

◎

◎……………最初の質問

お話によると、宗教とは全面的自由すなわちモクシャだそうです。一方あなたは、宗教への明け渡しの重要性を強調します。しかし自由と明け渡しは矛盾するのではないでしょうか。

見かけの上では矛盾している。でも実際はそうではない。矛盾しているように見えるのは言葉のせいだ。〈存在〉的には矛盾していない。そこで次の二つのことを理解するように。

ひとつ。あなたは今あるままでは自由になれない。「今あるまま」は、束縛でしかない。あなたのエゴこそ束縛だ。このエゴという一点が消え去らないかぎり、あなたは自由にならない。このエゴという一点こそが束縛だ。

エゴがないとき、あなたは〈存在〉とひとつになる。そしてこの一体性だけが自由をもたらす。分離して存在しているとき、その「分離」は偽りだ。実際のところ、あなたは分離していない。それは不可能だ。あなたは〈存在〉の一部だ。機械的な一部ではなく、有機的な一部だ。〈存在〉から分離したら、一瞬たりとも存在できない。あなたは〈存在〉を瞬間ごとに呼吸し、〈存在〉はあなたを瞬間ごとに呼吸する。あなたは宇宙的全体の中に生きている。

エゴがあると、「分離した存在」という偽りの感覚が生ずる。この偽りの感覚のせいで、あなたは〈存在〉と闘い始める。闘うとき、あなたは縛られている。そして闘えば敗けるのは当然だ。部分が全体を敵にまわして勝てるわけがない。全体と闘っていると、自分が縛られているように感じる。いたるところに限界を感じる。どこを向いても、壁が現れる。〈存在〉の中にそんな壁はない。壁はエゴについてまわる。壁は分離感に由来する。そしてあなたは〈存在〉を相手に闘争する。その闘争の中で、あなたは敗退を重ねる。その敗退の中で、束縛や制限を感じる。

明け渡しとは、エゴを明け渡すことだ。あなたは壁を明け渡し、そしてひとつになる。それこそが真実だ。だからあなたが明け渡すものはみな、たんなる夢であり、概念であり、偽りの観念だ。あなたが明け渡しているのは、真実ではなく、偽りの姿勢だ。この偽りの姿勢を明け渡すと、あなたは〈存在〉とひとつになる。そして闘争はなくなる。

闘争がなくなれば、あなたに限界はない。どこからも束縛や境界線はやってこない。あなたは分離していない。あなたは敗退することがない、なぜなら敗退する者がいないからだ。あなたは死なない、なぜなら死ぬ者がいないからだ。あなたに苦悩はあり得ない、なぜなら苦悩する者がいないからだ。エゴを明け渡すとき、がらくたもすっかり明け渡される――苦悩、束縛、ドゥッカ(苦)、地獄――すべてが明け渡される。あなたは〈存在〉とひとつになる。この一体性が自由だ。

分離は束縛だ。一体性は自由だ。でもあなたが自由になるわけではない。そこが大事だ。あなたはもはやいない。実際、あなたがいないとき、自由はある。ブッダはこう言ったそうだ、「あなたに至福がもたらされるわけではない、あなたがいないとき至福がある。あなたが解放されるわけではない、あなたは自分自身から解放される」

だから自由とは、エゴの自由ではない。自由とはエゴからの自由だ。これが理解できたら——つまり、自由とはエゴからの自由だと理解できたら、明け渡しと自由はひとつになる。しかし、エゴの観点から考えたら、きっとエゴはこう言うだろう、「なぜ明け渡すのか。もし明け渡したら、自由でなくなり、奴隷になってしまう。明け渡すということは、奴隷になることだ」

しかし、その明け渡しとは、誰かに対する明け渡しではない。これが理解すべき第二点だ。明け渡しは誰かに対するものではない。あなたはただ明け渡す。明け渡しの相手となる者はいない。明け渡す相手がいたら、それは一種の隷属だ。実際、明け渡しの相手となる神でさえ存在していない。私たちが神について語るのも、明け渡しを容易にしようという配慮からだ。

パタンジャリ（古代インドの神秘家）の『ヨガ・スートラ』の中では、神は明け渡しの補助物にされている。神はいない。パタンジャリいわく、神はいない。しかし、あなたの場合、相手なしに明け渡すのは難しい——ただ明け渡すのは難しい。そこで明け渡しの補助として、神のことが語られる。だから神とはひとつの方法でしかない。これはまったくもって科学的だ……神とは明け渡しの補助でしかない。明け渡しの相手となる者はいない。もし相手がいたら、それは隷属であり、束縛だ。これはたいへん微妙で深い一点だ——人格的存在としての神はいない。神とは、ひとつの道、方法、技法だ。

パタンジャリは数々の技法を語る。そのひとつはイシュワラ・プラニダーナ、「神の観念」だ。明け渡しに到達する方法は幾つもある。そのひとつが神の観念だ。それによってあなたの心《マインド》は明け渡しできるようになる。もし私が「明け渡しなさい」と言ったら、あなたは「誰に」と聞くだろう。もし私が「ただ明け渡しなさい」と言っても、あなたの場合それを想像するのは難しいだろう。別の言い方をすればこういうことだ。もし私が「愛しなさい」と言ったら、きっとあなたは言うだろう、「いったい誰を……。『愛しなさい』とはどういう意味なのか。もし愛する相手が誰もいなかったら、どうして愛せるだろう」。もし私が「祈りなさい」と言ったら、きっとあなたは尋ねるだろう、「いったい誰を。誰を礼拝するのか」。あなたのマインドは、非二元的なものが思い描けない。必ず「誰を」という問いを発する。

マインドを助け、マインドの問いを満足させるため、パタンジャリは言う——神とはひとつの道であり、技法だ。

礼拝、愛、明け渡し……いったい誰に対してか。パタンジャリは言う、「神に対してだ」。なぜなら、明け渡せば、神はいないとわかるからだ。あるいは、自分自身が明け渡しの相手だとわかる。でもそれが起こるのは明け渡した後だ。神とは方便でしかない。

しかしながら、神はどこにいるかわからないし、不可視なものだから、それに対して明け渡すのも難しい。そこで教典は言う、「導師《グル》に、師に、明け渡しなさい」。師なら目に見えるし、人間だ。そこでこの質問が関係してくる――「師に明け渡すのは隷属だ、なぜならひとりの人間がそこにおり、その人間に明け渡しているからだ」。しかしその場合にもやはり、たいへん微妙な一点がある。その一点は神の場合よりも微妙だ。師が師であるのは、彼がいないからこそだ。もし彼がいたら、彼は師ではない。師が師となるのは、彼がいなくなったときだけだ。彼はすでに非存在に到達している――もはや誰もいない。

もし誰かがこの椅子に座っていたら、そこに師はいない。するとそれは隷属になる。しかし誰もこの椅子に座っていなかったら……。

一個の非存在、どこにも中心を置いていない者、すでに明け渡している者――。誰かに対してではなく、ただ明け渡している者、非存在に到達した者、非人格になった者……ただそこに存在し、エゴに中心を置かず、拡散し、どこにも集中点のない者、そんな者が師となり得る。だから師に明け渡すこともまた、誰かに対する明け渡しではない。

これはあなたにとって深い問題だ。あなたが明け渡しているとき、「これはただの明け渡すこと《サレンダリング》であって、明け渡し《サレンダー》ではない」と理解できたら……「明け渡し《サレンダー》」とは誰かに対するものであり、「明け渡すこと《サレンダリング》」とは自分自身に関するものだ。だから基本は「明け渡すこと《サレンダリング》」だ――行為であって、対象ではない。大切なのは対象ではなく、明け渡している人間の方だ。対象はたんなる口実に過ぎない。

これが理解できたら、もはや誰に明け渡す必要もない。ただ明け渡せばいい。もはや誰を愛する必要もない。ただ愛せばいい。重要なのはあなたであって、対象ではない。もし対象の方が重要になったら、そこから束縛が生まれてくる。すると存在していない神でさえも束縛になる。非存在の師でさえも束縛になる。だがその束縛はあなたによってつくられる。それは誤解によるものだ。そうでなければ、「明け渡すこと《サレンダリング》」と、「自由」は同じだ。両者は矛盾するものではない。

◎……第二の質問

「これはこれだ」は、「これはあれだ」および「あれはブラフマだ」を含むはずなのに、なぜスートラは「これはこれだ」だけを強調するのでしょうか。

そこにはたいへん特長的な理由がある。タントラの関心は、奥深いところでは、「今ここ」にだけ向けられている。「これはこれだ」とは、「今ここにあるもの」を意味している。「あれ」は少しばかり遠くにある。

第二に、タントラには「これ」と「あれ」の区分がない。タントラは非二元的だ。「これ」は現世で、「あれ」はブラフマだ。「これ」は世俗的、物質的であって、「あれ」は意識であり、精神だ。タントラにそういう区別はない。「これ」こそすべてだ――「あれ」はその中に含まれている。まさにこの世界が神的だ。

タントラは高低の区別をつけない。「これ」は「低い」を意味し、「あれ」は「高い」を意味する。「これ」とは、見たり触れたり知ったりできるものであり、「あれ」とは、見たり触れたりできない不可視的なもので、類推するほかないものだ。タントラには、高と低、可視と不可視、物質と精神、生と死、現世とブラフマといった区別がない。

タントラは「これはこれだ」と言う。そして「あれ」はその中に含まれている。「これ」の強調は、すばらしいものだ。タントラいわく、「今ここ……何が存在しようと、これこそすべてだ」。いっさいはその中にある。何も排除されない。身近なもの、そばにあるもの、普通のもの、それがすべてだ。

よく知られた禅の言葉に、「平凡になったとき、人は非凡になる」というのがある。自分の平凡さにくつろげる人間だけが、非凡な人間だ。誰もが非凡を追い求めている。非凡への欲求はまったく平凡なものだ。誰もがみなどこかで非凡になろうとしている。この欲求、非凡であろうという欲望は、平凡な心《マインド》の根本的な一要素となっている。禅師たちは言う、「平凡であるとは、この世でもっとも非凡なことだ」。平凡であること、それは稀だ。ひたすら平凡である人間、それはたいへん稀にしか起こらない。

日本の帝《みかど》が師を探していた。教師から教師へとめぐり歩いたが、誰にも満足できなかった。なぜならある老人がこう言ったからだ――真の師はもっとも平凡な人間だと。

彼は探し続けたが、誰ひとり平凡な人間に出会わなかった。それで帝は老人のもとに戻った。老人は死の床にいた。帝は言った、「あなたの言ったことはまったくの難題だ。お話によると、その師は単純で平凡だそうだ。それで私は困っている。国中くまなく探しまわったが、誰ひとりふさわしい人がいない。そこでどうか、もう少し、手がかりになるようなことを教えてもらいたい」

老人は死の床から答えた、「探していた場所が悪かったのだ。場所が悪かった！ あなたが訪ねた人々は、みなどこかで非凡な人々だった。そういう人々の中にあなたは平凡を求めた。だからまず、平凡な世界へ向かうことだ。まだあなたは非凡を探そうとしている。今あなたは、師を平凡な人間と思い定めながらも、まだ非凡を探し求めている。そして今度はさらに進んで、師のことをもっとも平凡な人間と思い定める。でもそのもっとも平凡というのは、同時に稀なものであり例外的なものだ。非凡を探求するその姿勢に変わりはない。だからそれをやめることだ。あなたに用意が整い、そういう探求をやめるとき、師はおのずと現れる」

翌朝、彼は座りながら、老人に言われたことを理解しようと努めた。そして老人の言う通りだと思った。そして欲求がなくなった。ひとりの乞食が現れた――そして彼こそが師だった。帝はずっと昔から彼のことを知っていた。乞食は毎日、宮廷にやって来ていた。そこで帝は乞食に、なぜ今までわからなかったのだろうかと尋ねた。

乞食は言った、「それは非凡を探し求めていたからだ。私はここにいた。でもあなたは『あちら』を探していた。だから私のことがわからなかった」

タントラが語るのは、「これ」であって「あれ」ではない――特にこの技法においては――。「あれ」が語られる技法もあるが、「これ」こそがもっともタントラ的だ……「これ」、「今ここ」、「もっとも身近なもの」……。自分の妻、自分の夫、「これ」、友人、乞食……彼らこそが師であるかもしれない。でもあなたは「これ」を見ていない。あなたが見ているのは、「あれ」であり、あちらであり、雲の中のものだ。自分の身近にも同じ質の存在があり得るとは想像もできない。身近なものは知っているつもりでいる。だから遥か彼方を探す。自分はもう「これ」を知っている、だから探すものは「あれ」しかない……。

それは誤っている。あなたは「これ」を知らない。あなたは「身近」を知らない。身近は彼方と同じほどに未知だ。まわりを見回してごらん。あなたは誰のことも知らない。誰についての知識もない。はたしてあなたは、顔なじみの木について知っているだろうか。幼なじみの友人について知っているだろうか。あるいは、もっとも身近なものである自分について知っているだろうか。自分の体について知っているだろうか。息が絶えず出入りしていることを知っているだろうか。何も知らない。「これ」さえも知らないのに、なぜ「あれ」を追い求めるのか。

この技法によれば、「これ」がわかれば「あれ」は自動的にわかる。なぜなら「あれ」は「これ」の中に含まれているからだ。「彼方」は、「身近」の中に、「そば」の中に隠されている。でも人間のマインドは彼方を追い求める。これはひとつの逃避だ。彼方を考えるのは、ひとつの逃避だ。

彼方を考え続けることによって、生きることを後回しにしてしまう。生とは「これ」だ。「これ」について考え、「これ」について思惟すれば、自分自身を変えるしかなくなる。

こんな話がある。

昔あるとき、禅師が寺の説法師に任じられた。彼が禅師だとは誰も知らなかった。会衆は集まり、そして最初の説法が行なわれた。一同はそれに魅せられた。それはすばらしいものだった。今までに聞いたこともないようなものだった。翌日にはもっと大勢の人々が寺にやって来た。だが師は同じ説法を繰り返した。それで人々は退屈した、「いったい何という人だろう」

三日目、人々はまたやって来た。さほど大勢ではなかったが、師はまた同じ説法を繰り返した。それで多数の人々が途中で抜け出した。ほんの一握りしか残らなかった。その人々も、こんな疑念でいっぱいだった、「ひとつの説法しか知らないのか。毎日この説法を繰り返すつもりだろうか」。ついに、ひとりがたまりかねて聞いた、「いったいこれはどういう説法ですか。私たちは三度お話を聞きましたが、まったく同じことを、まったく同じ言葉で繰り返すばかりです。もっとほかに講義や説法はないのですか」

僧は言った、「いくらでもあります。でもみなさんは、最初の説法について何もしていません。みなさんが最初の説法について何かしないかぎり、次の説法には進みません。それは無駄なことです」

人々はやって来なくなった。誰も寺の近くにやって来なくなった。もし誰かがやって来たら、あの禅僧はまた最初の説法をするだろう。伝えによると、人々はもうその道を通らなくなった、その寺を通らなくなった――「あそこにはあの僧がいる。もしもあそこに行こうものなら、あの僧に同じ説法を聞かされる」

この僧は、きっと人間の心《マインド》にたいへん深く通じていたのだ。人間の心は、考えることなら好むが、決して何かをしようとはしない。行動は危険だ。考えることならいい、なぜなら同じままでいられるからだ。彼方のもの、遠方のものについて考えていれば、自分を変える必要はない。ブラフマや〈絶対〉はあなたを変えはしない。ところが、隣人や、友人、妻、夫を見たら、あなたは自分を変えるほかない。「彼方」というのは、彼らを見まいとする策略だ。

あなたは「これ」を忘れるために「あれ」を見る。でも「これ」こそが生であり、「あれ」はたんなる夢だ。あなたが神について思考するのも、そういう思考が無力だからだ。思考は何もしはしない。神について考え続けたところで、あなたは同じままだ。それは同じままでいようとする策略だ。もし妻のことを考えたら、もし子供たちのことを考えたら、もし身近なものについて深く見通したら、あなたは同じままでいられない。そこから行動が現れる。

タントラいわく、「彼方へ向かってはいけない。〈彼〉はここに、今この瞬間に、あなたのすぐそばにいる。開放的《オープン》になり、これを見るのだ。そうすれば、あれは自分で自分の面倒を見る」

◎……第三の質問

お話によると、タントラの教えとは、「自らの動物的過去への渇望と〈神〉への渇望の両方を超越すること」だそうです。ということは、〈神性〉もまた世俗の一部であって、やはり超越すべきものなのでしょうか。その両方を超えるものは何でしょうか。

理解することがたくさんある。まず第一には、欲求の本性だ。〈神性〉とは、あなたの考えているようなものではない。あなたの語る神は、真の神ではない。それはあなたの欲求する神だ。だから真の問題は、「〈神〉は世俗の一部かどうか」ではなく、「〈神〉を世俗の一部とせずに欲求することは可能か」ということだ。

こう考えてごらん。しばしばこう言われる——「欲求を去らないかぎり、神や〈究極〉には到達できない。欲求を去らないかぎり、神的なものには到達できない。欲求を去れば、〈神〉に到達できる」。あなたはそれを何度となく耳にしている。でもはたしてそれを理解しているだろうか。

多かれ少なかれ、きっと誤解しているだろう。それを耳にしながら、あなたはまたしても神を欲求し始める。そうして核心をすっかり逃してしまう。

欲求を去れば、神はあなたに起こる。ところがあなたは神を欲求し始める。するとその神は世俗の一部になる。欲求されるものは、世俗のものだ。これが私の定義だ——欲求されるものは、世俗のものだ。だから神は欲求できない。もし欲求したら、それは世俗の一部となる。

欲求が止むとき、神は起こる。あなたが何も欲求していないとき、神はそこにいる——世界全体が神的になる。神とは決して、世俗に矛盾対立するものとして現れるものではない——世俗の反対物として現れるものではない。あなたが欲求していないとき、すべては神的だ。あなたが欲求しているとき、すべては世俗だ。あなたの欲求が世俗を生み出す。あなたの欲求することが何でも世俗となる。あなたの見るものは、世俗ではない——木々や空や、海や川や、地球や星々といったものは世俗ではない。あなたの欲求するものこそが世俗だ。

庭園の木に、花がひとつ咲いている。あなたはその木の前を通りかかる、そして、その花に目をやり、花の香がただよってくる——そのとき自分の内側を見てごらん。もしあなたがその花を欲求していなかったら……それを所有しようという気持ちが微塵もなかったら……自分のものにしようという欲求の小波ひとつなかったら、その花は神的なものになる。あなたはその花の中に神の顔を見る。けれどもそれを所有しようという欲求があったら、あるいはその木の所有者に対する嫉妬が生じたら、もうあなたは世俗を生み出している。神は消え失せた。あなたの欲求が、〈存在〉の質を変える。あなたの欲求が〈存在〉を世俗にする。あなたが非欲求的であるとき、世俗全体が神となる。

ではこの質問をもう一度読もう。

お話によると、タントラの教えとは、「自らの動物的過去への渇望と〈神〉への渇望の両方を超越すること」だそうです。

タントラは渇望の超越を教えるだけだ。何を渇望するかは関係ない。それはどうでもいい。その対象はいくらでも変えられる。たとえば、金とか、力とか、権勢とか、世俗のものを渇望し、それから方向を変える。それにうんざりし、飽き飽きする。あるいは、自分の渇望していたものを手に入れたにも関わらず、依然自分は満たされない……欲求不満を感じる。そこで新たな渇望が始まる。

そこで今度は神的なものを渇望する。モクシャを、ニルヴァーナを、解脱を渇望する……今度は神を渇望する。対象は変わったが、本人は変わっていない。渇望はそのままだ。かつては権勢や力や金を追いかけていたが、今は神的な力を追いかけている……〈究極〉やモクシャや絶対的自由を追いかけている。でもその渇望には変わりない。

普通の宗教的な人々は、絶えず欲求の対象を変えはするが、欲求そのものは同じだ。変わることがない。しかし、問題を生みだすのは対象ではない。その欲求や渇望が問題を生みだすのだ。タントラいわく、いつまでも対象を変え続けてはいけない。それは時間と生とエネルギーの無駄だ。対象を変えてもどうにもならない。渇望を落とすのだ。渇望しないことだ。自由を渇望しない。なぜなら渇望こそが束縛だからだ。神的なものを渇望しない。なぜなら渇望こそが世俗だからだ。内側のものを渇望しない。なぜなら渇望こそが内側のものだからだ。だから問題は、この渇望なりあの渇望を超越することではなく、ただ渇望を落とすことだ。渇望せず、欲求せず、ただ自分自身になる。

欲求しなくなると、何が起こるか。渇望しなくなると、何が起こるか。あなたは動かなくなる。あらゆる動きがやむ。どこかに向かって急ぐことがなくなる。深刻にならなくなる。もはや希望もなければ挫折もない。もはや期待するものは何もなく、何かのせいで挫折することもない。もはや欲求がないから、失敗することもない。もちろん、成功することもない。

渇望も欲求もしなくなったら何が起こるか。あなたはただひとり残され、どこへも向かわなくなる。もはや目的地《ゴール》はない。目的地を生み出すのは渇望だ。もはや未来はない。未来を生み出すのは渇望だ。もはや時間はない。なぜなら渇望は動くための時間を必要とするからだ。時間は止まる。未来はなくなる。渇望しなくなるとき、マインドは落ちる。なぜならマインドとは渇望することにほかならないからだ。渇望があると、それとともに、計画や、思考や、夢や投影が現れる。

渇望しなくなれば、すべては落ちる。あなたはただ自分の純粋さの中に存在する――どこに向かうこともなく、内側にとどまる。あらゆる小波は消え去る。大海はそこにあるが、波はない。タントラにおける神性とはこのことだ。

だからこう考えてごらん。渇望こそが壁だ。対象のせいにしてはいけない、さもないと自分自身にだまされてしまう。さもないと対象から対象へと動くだけで、時間を無駄にしてしまう――挫折しては別の対象に移っていく。「問題を生みだすのは対象ではなくて自らの渇望だ」と認識しないかぎり、いつまでたっても対象を変え続けるばかりだ。

渇望は微妙で、対象は粗大だ。対象なら見ることもできる。しかし、渇望を見るためには、自己の奥深くに入り、それに対して瞑想する必要がある。そうしないと渇望は見えない。

たとえば、あなたは大きな夢と希望を持って、ある女なり男と結婚する。その夢や希望が大きければ大きいほど、挫折もまた大きい。普通の見合結婚ならば、恋愛結婚ほど大きな破局は訪れない。見合結婚には、それほどの希望も、それほどの夢もない。それは事務的なものであり、何のロマンスも、何の詩情もない。頂点というものがなく、ただ平らな大地を旅するだけだ。だから見合結婚は決して破れない。破れようがない。その要素がない。どうして見合結婚が破れるだろう。高処《たかみ》にのぼることがないのに、どうして落ちることがあるだろう。破れるのは恋愛結婚だけだ。大いなる詩情と、大いなる夢の力で、二人は上にのぼる。二人は高処に触れる。波に乗って高くのぼったら、今度は落ちるだけだ。

だから古い国々では、知識と経験のある国々では、見合結婚が普通だ。恋愛結婚については語られることがない。インドでは恋愛結婚が語られることは決してない。かつては恋愛結婚も試された、そして恋愛結婚は失敗するということがわかった。つまり期待が大き過ぎる……そして挫折するときには、その同じ大きさで挫折する。あなたが欲求し夢みることは、みな期待になる。そしてその期待は決して満たされない。

もしあなたがある女性と恋愛し結婚したら、あなたの期待は大きい。そして幻滅する。幻滅すると、直ちにほかの女性のことを考え始める。たとえ妻に対して「僕はほかの女性には興味がない」と言ったところで、妻にはわかる——夫が自分に対して無関心になったと……。口先だけではだまされない。それは不可能だ。妻に対して無関心になるやいなや、妻はすぐに感づく――あなたの興味がほかに移ったと。

　これがマインドの動きかただ。あなたは自分の結婚相手に目を向け、幻滅は彼女のせいだと考える――「選ぶ相手をまちがえた」と。これが通常の論理だ。「選ぶ相手をまちがえた。この女は私向きではない。相手をまちがえたからこそ、葛藤が生じるのだ」と。そして別の相手を探そうとする。

　そしてこれは永遠に続く。地球上の女性すべてと結婚しながら、依然として同様に考えるかもしれない――「この女は自分向きでない」と。そして、あらゆる問題の根元となっている微妙な渇望には気づかない。それは微妙なものだ。相手の女なら目にも見えるが、その渇望は見えない。挫折をもたらすのは、相手の女でも男でもない。あなたの渇望、あなたの欲求こそが、挫折をもたらす。

　この理解に到達したら、もうあなたは賢くなった。対象を変え続けていたら、あなたは無知だ。自分自身を感じ、すべてを生み出す「渇望」を感じたら、もうあなたは賢くなった。そうすれば、いつまでも対象を変え続けたりはしない。ただ、所有しようとする努力を捨てるだけ……欲求や渇望を捨てるだけだ。

　この渇望がなくなるとき、世界全体は神的なものとなる。世界はつねに神的だった、でも、あなたの目が開いていなかった。あなたの目は渇望でいっぱいだった。目が渇望でいっぱいだったら、神的なものは世俗として現れる。また目が開き、渇望によって蔽われていなければ、世俗は神的なものとして現れる。

「世俗」と「神的なもの」は、別物ではない。二つの存在物ではない。同じものに対する二つの見方であり、同じものに対する二つの態度、二つの外見、二種の知覚だ。一方は渇望によって曇らされた知覚であり、他方は渇望によって曇らされていない知覚だ。曇りなく見ることができたら、その目には、挫折の涙も、希望の夢もない。そこにあるのは、もはや世俗のようなものではなく、ただ神的なものだけだ。〈存在〉とは神的なものだ。これこそタントラの意味するものだ。タントラの言う「両方の超越」とは、「これ」に関わることでも「あれ」に関わることでもない。タントラは超越にだけ関わる。だから渇望はない。

そしてその両方を超えるものとは何でしょうか。

それは語れない。それについて何か語るやいなや、それは「二」の領域に入ってしまう。だから神について語られたことはみな、まさに「語られた」ということによって、偽りとなる。言語とは二元的なものだ。非二元的な言語というものはない。あり得ない。言語が意味を持つのは、二元性の上だけだ。私が「光」と言えば、たちまちあなたの心《マインド》には「闇」なり「黒」なりの言葉が湧《わ》き上がる。私が「昼」と言えば、たちまちあなたの心《マインド》には「夜」が現れる。私が「愛」と言えば、その言葉のすぐ後ろには「憎しみ」が隠れている。もし私が「光」と言いながら、闇というものが存在しなかったら、どうしてそれが定義されるだろう。

言葉が定義できるのも、その反対語があるからだ。私が「光」と言い、あなたが「光とは何か」と尋ねたら、私は「闇ではないもの」と答える。もし誰かに「心とは何か」と尋ねられたら、あなたは「体ではないもの」と答える。また「体とは何か」と尋ねられたら、きっとあなたは「心ではないもの」と答えるだろう。言葉とはみな循環的だ。だから根本的に無意味だ。そもそもあなたは心について何も知らないし、体について何も知らない。私が心について尋ねれば、あなたはそれを体によって定義する、でもその体は定義されていない。また私が体について尋ねれば、あなたはそれを心によって定義する、でもそれ自身が定義されていない。

ゲームとしてならいい。言語はゲームとしてならいい。言語とはゲームだ。でも私たちは決してこう感じない――「それはすべて不条理で循環的だ、何も定義されない」と。いったいあなたはどうやって物を定義するのか。心について聞かれれば体を持ち出す。でも体は定義されていない。定義されていない用語を使って心を定義するわけだ。また「体とはどういうものか」と尋ねられれば、心によって定義する。それは不条理だ。でもほかにどうしようもない。

言語は反対物があってこそ可能になる。だから言語は二元的だ。それが言語の本質だ。だから非二元的な体験については何も語れない。語れるものはすべて誤りだ。示唆ならできる。象徴も使える。しかし沈黙が最高だ。それについて語るとすれば、それは沈黙だ。それ以外のすべては定義できる……語れる。〈究極〉以外のものは。

それは、知ることもできれば、味わうこともできる。またそれに成ることもできる。でもそれについては何も語れない。否定的にしか語れない。否定的にだけだ。「これこれこうだ」ではなく、「これこれではない」と言えるだけだ。

神秘主義の伝統は一貫して否定的用語を使い続ける。「〈究極〉とは何か」と尋ねられれば、神秘主義は言う、「〈究極〉とは、これでもなく、あれでもない。生でもなければ、死でもない。光でもなければ、闇でもない。近くでもなければ、遠くでもない。私でもなければ、あなたでもない」。神秘主義はこのように言う。でもそれでは意味をなさない。

渇望を捨てれば、直接的にそれがわかる。そしてその体験は、たいへん深く、個人的で、非言語的であるため、たとえそれがわかったとしても、それについては何も言えない。あなたは沈黙する。あるいは、せいぜい言うとすれば、私が言っていることと同じだ——「それについては何事も語れない」

だったら、こんなふうに語る必要がどこにあるだろう。もし何事も語れないとしたら、なぜ私はこうして語り続けているのか。それはただ、あなたを何事も語れない地点へと連れていくためだ。あなたの後押しをして、その深淵まで連れていく。その地点まで来たら、言語から飛躍することが可能になる。その地点に至るまでは、言語も役に立つ。しかし飛躍してからは沈黙だ。それは言語を超えている。

だから私は言語を通じて、あなたをこの世界の果てまで後押しする。言語を通じて後押しできるのは、あくまでもこの世界の果てまでであって、神的なものの中へは、一寸たりとも導くことはできない。でもこの後押しは有益だ、なぜなら、それによってあなたは、その向こうにある至福に満ちた深淵を自分の目で見られるからだ。するとその向こうは、自分の方からあなたを招く。その向こうはあなたを引きつける。その向こうは、磁石になり、引力になる。もはや後戻りすることも、引き下がることもできない。その深淵は、その沈黙の深淵は、あまりに魅惑的だから、それを知る以前に、あなたは飛躍する。

だからこそ私は語り続けるのだ。もちろん、語ったからといって、あなたがそれを知るというわけではない。しかし飛躍の助けにはなる。それは方便だ。一見それは矛盾している、逆説的でもある、つまり私はこう言う――「私の使っている言語すべて、あるいは神秘家たちが使ってきた言語すべては、あなたを沈黙の寺院に連れていくためであり、あなたを沈黙へと招くためだ」。

一見それは矛盾している。だったらなぜ言語を使うのか。私は沈黙を使うこともできる、でもそうするとあなたには理解できない。

狂人に話しかけるときには、狂人の言語を使うしかない。私が言語を使っているのはあなたゆえだ。べつに言語によって何かが表現できるわけではない。ただ、言語によってあなたの内側のおしゃべりが破壊されるというだけだ。ちょうど足に刺《とげ》がささっているようなものだ。それを抜くには別の刺がいる。その刺もやはり刺だ。あなたの心《マインド》は言葉でいっぱい、刺でいっぱいだ。私がやろうとしているのは、そうした言葉をあなたから抜くことだ。私もまた言葉を使っている。あなたは毒でいっぱいだ。私があなたに与えているのも、やはり一服の毒だ。解毒剤だ。それもまた毒だ。刺は刺を使って抜くことができる。抜いたら両方とも捨てればいい。

私が語り、それによって沈黙できる地点に到達したら、そのときには私の語った言葉はすべて捨てる。それは無用だ。それを抱《かか》えるのは、危険ですらある。「言語は無用で危険だ」とさとり、「内側の言語作用こそが唯一の障害だ」とさとったら、そして沈黙できるようになったなら、私の言ったことをいつまでも抱えていてはいけない。真理は語れない。語れるものは決して真理ではない。だからその重荷を降ろすのだ。

ザラツストラ（古代ペルシアゾロアスター教開祖）が弟子たちに語った最後の言葉は、たいへんすばらしい。彼はすでに弟子たちに教え終わった。すでに一瞥を与えた。すでに弟子たちの魂をかきたてた。すでに弟子たちを奮いたたせ、究極の冒険へと向かわせた。そこで彼の語った最後の言葉はこうだった、「私は君たちを去る。後《のち》はザラッストラに気をつけよ」

弟子たちは尋ねた、「何ですって。ザラッストラに気をつけよですって。あなたは我々の先生であり、我々の師であり、唯一の希望です」

ザラッストラは言った、「これからは私の言ったすべてに気をつけよ。私に執着するな。さもないと、私は君たちの枷《かせ》となる」

刺によって刺を抜いたら、その刺もまた捨て去る。私によって沈黙へと入《はい》れるようになったら、そのときには私に気をつけよ。そのときには、私の語ったことすべてを捨て去る。それは屑だ。無用だ。それが有用であるのは、あなたが沈黙の中へと飛躍する地点までだ。両方を超越するものについては、何事も語れない――語れるのはそれだけだ。それすらも言い過ぎだ。もしあなたに理解力があれば、これで充分な示唆となるだろう。

つまりこういうことだ。もしあなたの心《マインド》から言葉がなくなり、すっかり空っぽになったら、あなたはそれを知る。あなたから思考の重荷がなくなったら、あなたはそれをさとる。なぜならそれはすでにそこにあるからだ。それは決していつかあなたに起こるものではない。それはすでにあなたの中に起こっている。あなたはその一表現にほかならない。でもあなたは思考の雲に夢中になり、巻き込まれているから、その鍵を失っている。雲に集中しているあまり、空のことを忘れている。だから雲が散って行くのにまかせるのだ。そうすれば空はいつもそこであなたを待っている。その向こうはあなたを待っている。ただ二元性を落とせば、それはそこにある。

◎……第四の質問

お話によると、恐怖を持つ者は愛することもできないし、神性に到達することもできないということです。タントラでは、どのようにして恐怖を取り除くのでしょうか。

なぜあなたは恐怖を取り除こうとするのか。あなたは恐怖が怖くなったのか。もし恐怖が怖くなったとしたら、それは新しい恐怖だ。マインドはこのようにして、いつまでも同じパターンを繰り返していく。たとえば私が「欲求しなければ、神に到達することができる」と言えば、あなたは尋ねる、「本当か、もし欲求しなければ、我々は本当に神に到達できるのか」と。つまりあなたはもう神を欲求している。

もし私が「恐怖が存在すれば、愛は存在できない」と言えば、あなたは恐怖を恐れるようになる。「どのようにして恐怖を取り除くのか」とあなたは尋ねるが、それもまた恐怖だ。しかも最初の恐怖よりさらに危険だ。なぜなら、最初のものは自然だったのに二番目のものは不自然だからだ。そしてそれは非常に微妙であるため、自分が何を尋ねているか、つまり「いかに恐怖を取り除くのか」とは何か、気づいていない。

問題は、何を取り除くかではない。理解することこそが肝心だ。恐怖を理解し、恐怖とは何かを理解する。そして取り除くことは考えない。何かを取り除こうと考えるのは、とりもなおさず、それを理解するつもりがないからだ。何かを取り除こうと考えている心は、つねに閉じている。決して、理解に向かって開いていない。共感的でない。静かに思惟できない。すでに決めつけている。すでに恐怖は悪物にされ、罪にされている。だから「取り除け」というわけだ。しかし何物であれ、取り除こうとするのはよくない。

まず恐怖について理解することだ。もし自分に恐怖があったら、それを受け入れる。それはそこにある。隠そうとしたり、その反対物をこしらえようとはしない。恐怖があるということは恐怖があるということだ。それを自己の存在の一部分として受け入れる。受け入れたら、それはもう消え去っている。受け入れによって、恐怖は消え去る。でも否定すれば、恐怖は増大する。

そうしてあなたは、自分が恐れていると知る。そして次のような理解に達する、「この恐怖のせいで、愛は私に起こらない。そうなら仕方ない。私に何ができるだろう。恐怖はそこにある。だとしたらただひとつ、愛を装うことはやめよう。あるいは、恋人に言おう、『私があなたに執着しているのも恐怖のせいだ』と。奥深くで、私は恐れている。それに対して率直になろう。もう誰も欺かないようにしよう――自分自身も。これが愛だと装うのはやめよう。私は言おう、『これはまったく恐怖だ、恐怖のせいであなたに執着しているのだ』と。恐怖のせいで、寺院に行ったり、教会に行って祈る。恐怖のせいで、神を思い出す。でもそうであれば、それは祈りではない。それは愛ではない。それはまったく恐怖だ。私は恐怖だ。だとしたら何をしても、恐怖はそこにある。この真実を受け入れよう」

真実を受け入れるとき、奇跡が起こる。まさにその受け入れが、あなたを変える。もしあなたが「自分の存在の中には恐怖があり、それについてはどうしようもない」と知ったら、いったい何ができるだろう。装うのがせいぜいだ。そして装いというものは、ときに対極まで達する。

大きな恐れを抱く人間は、たいへん勇敢な人間になれる。彼は自分のまわりに鎧《よろい》を作り上げる。そして大胆不敵な人間になり、自分が恐れていないことを人に見せようとする。もし危険の中に突入できれば、「自分は恐れていない」と自分をだますことができる。でももっとも勇敢な人間でさえ恐れている。その勇敢さはすべて周辺的なものだ。奥深くで彼は震えている。それをさとられないために、彼は危険の中へ飛び込む。彼が危険に身をさらすのは、それによって恐怖を意識しなくなるからだ。でも恐怖はそこにある。

だから反対物をこしらえたところで、何も変わりはしない。自分は恐れていないというふりをしたところで、何が変わるわけでもない。唯一変容が起こるのは、こう気づいたときだけだ——「私は恐怖だ。私の存在全体は震えている。そして私が何をするにせよ、それは恐怖のせいだ」。あなたは自分に真実となる。

すると恐怖を恐れることはなくなる。恐怖はそこにある——自分の一部分だ。それについては何もできない。あなたはもうそれを受け入れている。もはや装うことはない。もはや誰も欺くことがない——自分自身も。真実はそこにある、そしてあなたはそれを恐れていない。その恐怖は次第に消えていく。恐怖の受け入れを恐れない人間は、無恐怖になる。それはおよそこの世でもっとも深い無恐怖だ。彼はもはや反対物を作り出さない。だから彼の中に二元性はない。彼はその事実を受け入れている。彼はその事実の前に謙虚だ。彼は何をすべきか知らない。誰も知らない。そして何もできない。でも彼は装うことをやめた。もはや仮面や顔を使うのをやめた。自分の恐怖の中で真正になった。

こういう真正さによって、つまり、このように恐れることなく真実を受け入れることによって、あなたは変わる。装わないとき、偽りの愛を作り上げないとき、自分のまわりに欺瞞を作らないとき、偽装の人間にならないとき、あなたはもう真正になっている。この真正の中で、愛が生じる。恐怖は消え去り、愛が生じる。これこそが内なる錬金術だ。そうして愛が生じる。

そうしてあなたは愛することができる。そうしてあなたは慈悲や共感を持つことができる。もはや誰にも依存していない。その必要がない。あなたはもう真実を受け入れている。もはや誰に依存する必要もない。もはや所有し所有される必要はない。もはや他人への渇望はない。あなたは自己を受け入れている。この受け入れを通じて愛が生じる。愛はあなたの存在を満たす。もはやあなたは恐怖を恐れていない。もはやそれを取り除こうとはしていない。受け入れによって、恐怖はスッと消え失せる。

自分の真正な存在を受け入れれば、あなたは変容する。受け入れこそ、全面的な受け入れこそが、タントラにおける最大の秘密の鍵だ。何も拒絶してはいけない。拒絶することは、不具になることだ。すべてを受け入れる――それが何であってもだ。何かを非難したり、取り除こうとしてはいけない。

そこにはいろんな意味が含まれている。何かを取り除こうとすることは、自分の存在を切り分けることだ。つまり不具になることだ。何かを捨てれば、それとともに別の物が捨てられる。それは同じものの別の面だ。そしてあなたは不具になる。もはや健全ではない。健全でないかぎり、全面的でないかぎり、あなたは幸福になれない。全面的《ホール》になるということは、神聖《ホーリー》になるということだ。断片的であるということは、不健全で病気だということだ。

だから私は言う——恐怖を理解しなさい。恐怖をあなたに与えたのは〈存在〉だ。きっとそれには何か深い意味があるはずだ。またそこには何か隠された宝があるはずだ。だから捨ててはいけない。与えられているものに無意味なものはない。あなたの内に存在するものはみな、より高い交響楽、より高い綜合に向けて使うことができる。

あなたの中に存在するものは、あなたがそれを理解しているかどうかに関わらず、踏み石として使える。それを障害と考えずに、踏み石とするのだ。往々にしてそれは道の上の障害物と思われがちだが、それは違う。もしその上に乗れば、もしそれが使えれば、もしその上に立てれば、その高処《たかみ》から道の新しい展望が開ける。それによってあなたは深く見通すことができる——可能性に向かって、未来に向かって、潜在性に向かって。

恐怖が存在するのは何かの目的があってのことだ。次の点を理解するように。ひとつ。もし恐怖がなかったら、あなたはまったく増長する。退くということがなくなる。もし現状で恐怖がなかったら、あなたは決して〈存在〉や〈宇宙〉に溶け入ろうとしない。実際、もし恐怖がなかったら、生存はまったく不可能だ。だから恐怖はあなたに貢献している。たとえあなたがどのようなものであれ、恐怖はその中で一定の役割を果たしている。

でも、それを隠そうとしたり、破壊しようとしたり、反対物をこしらえようとすれば、あなたは分割されて、断片的になりチグハグになる。だからそれを受け入れ、使うのだ。「自分はそれを受け入れた」と知るやいなや、それは消え失せる。少し考えてごらん——恐怖を受け入れるとき、いったいその恐怖はどこに行くか。


あるとき、男がひとり私のところへやって来て言った、「私は死がとても恐いのです」。彼は癌にかかっており、死は間近だった。いつ死んでもおかしくなかった。もう延命策もなかった。彼もそれを承知していた。あと数か月、あるいは数週間の命かもしれなかった。

彼は実際、文字どおり震えていた。そして言った、「どうかひとつだけ教えてください。どうしたら死の恐怖を取り除けるでしょう。マントラでも何でもいいから私にください——私を守り、死に直面できる勇気を与えてくれるようなものを……。恐怖に震えながら死にたくないんです」。そして言った、「いろんな聖者のもとへ行きました。そしていろんなものをもらいました。みなたいへん親切でした。マントラをくれたり、聖なる灰をくれたり、自分の写真をくれたり、いろいろでした。でも何も役立ちません。すべては無益でした。あなたのもとに来たのも最後の望みです。もう誰のもとにも行きません。だから私に何かください」

そこで私は言った、「あなたはまだ気づいていない。なぜ何かを求めるのか。恐怖を取り除くためか。何も役立ちはしない。私はあなたに何も与えられない。与えたところで、ほかの人々と同じくきっと失敗に終わるだろう。ほかの人々があなたに何かを与えたのも、自分で自分のしていることがわかっていないからだ。私に言えることはただひとつ――それを受け入れることだ。震えるなら震えるがいい。ほかに何ができるだろう。死がそこにあり、あなたは震えを感じる――そうしたら震えるのだ。拒絶してはいけない。抑圧してはいけない。勇敢になろうとしてはいけない。その必要はない。死はそこにある。それは自然だ。だから全面的に恐れるのだ」

彼は言った、「何ですって。何もくれず、逆に、それを受け入れよと言うのですか」

私は言った、「その通り。受け入れることだ。すべてを受け入れて、安らかに死んで行きなさい」

三、四日して彼が再びやって来て言うには、「確かにあなたの言う通りです。私は今までずっと眠れなかったのですが、ここ四日ほどはぐっすり眠れました。まったくあなたの言う通りでした」。彼は言った、「確かにおっしゃる通りです。恐怖はそこにあり、死もそこにある。それはどうしようもない。マントラなどみんなガラクタで、しょせんどうしようもありません」

医者も役立たないし、聖者も役立たない。死はそこにある。事実だ。そしてあなたは震えている。それはまったく自然なことだ。嵐がやってきて、木が震えている。木は決して、どこかの聖者のところへ行って、どうしたら嵐が来ても震えずにいるかなんて尋ねはしない。決して、マントラをもらって嵐を変えようとか、身を守ろうとか考えない。木は震える。木は自然だ。

そして彼は言った、「でも奇跡が起こりました。もう恐くありません」

もし受け入れれば、恐怖は次第に消え失せる。もし拒絶し、抵抗し、闘えば、それによって恐怖はエネルギーを得る。

そして彼は、安らかに、恐怖なしに死んでいった。恐怖を受け入れることができたからだ。受け入れることによって恐怖は消え去る。

◎…………最後の質問

昨日うかがった二番目の技法を実践したところ、何か川の流れるような音が聞こえました。いったいその音は何でしょうか。私の理解によれば、その技法の実践中には、思考や音は存在せず、ただ完全な沈黙だけがあるはずだと思うのですが。いったいこの音は何でしょう。

最初のうち、沈黙の起こる前には、音が起こる。それは良い兆候だ。言葉や言語が消え去ると、次に第二層として音が現れる。だからそれと闘わずに楽しむのだ。それはやがて音楽的になり、美しくなる。そしてあなたはその音楽でいっぱいになり、それを通じて、もっと生き生きとなる。

マインドが消え失せると、自分の内側に、ある自然な音が現れる。その音が起こるにまかせる。その音に瞑想する。それと闘わずに、観照者となる。それは深まっていく。それと闘わず、何の葛藤も起こさなければ、それは自然に消え去る。それが消え去るとき、あなたは沈黙の中へと落ちる。言葉、音、沈黙。言葉は人間的で、音は自然で、沈黙は宇宙的だ。

だからそれは良い兆候だ。それはいわゆるナーダ、「内側の音」だ。それを聞き、それを楽しみ、観照者となる。やがてそれは消え失せる。だから気にしたり、邪魔に感じたりすることはない。それを邪魔に感じたり、どうにかして取り除こうとすると、再び第一の層、すなわち言葉の層に戻ってしまう。もしこの第二の層である音と闘えば、それについての思考が始まり、言葉が現れる。もしこの音について何か言ったりすれば、あなたは二番目の深い層を失い、再び第一の層に投げ戻されてしまう。マインドへと戻ってしまう。

だから、それについて何か言ったり考えたりしてはいけない。「これは音だ」とさえ言ってはいけない。ただそれを聴く。そのまわりに言葉を作り出してはいけない。名前や形態を与えてはいけない。ただあるがままにしておく。ただ流れるがままにし、あなたは観照者となる。川は流れ、あなたは岸に座っている……ただの観照者として。その流れの名前すら知らず、それがどこへ行くかも知らず、どこからやって来るかも知らず……。

ただその音の近くに座る。そうすればやがてそれは消え失せる。そしてそれが消え失せたとき、そこに沈黙がある。これは良い兆候だ。あなたは第二の層に触れた。でもそれについて考えたりしたら、それを失ってしまう。第一の層に投げ戻されてしまう。でもそれについて考えず、楽しみながら観照できたら、もっと深い第三の層へと向かう。

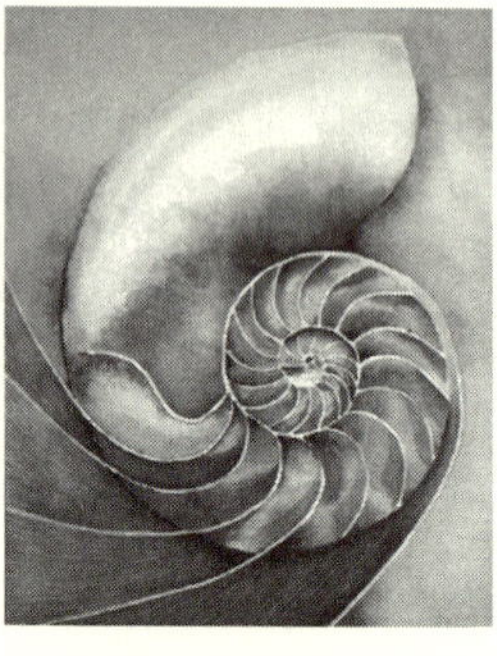

第五章

全体とひとつになる技法

[経文]

—88—

知ることを通じて、個々の物は知覚される。
知ることを通じて、自己《セルフ》は空間の中に輝く。
ある存在物を、「知る者」と「知られるもの」として知覚する。

—89—

愛する者よ、今この瞬間、
心《マインド》も、知も、息も、形態も、包含する。

こんな逸話がある。あるとき保守党の大会に、マンクロフト卿が講演者として招かれた。彼は時間通りに到着し、演壇に立つと、聴衆に向かって語った――少々取り乱している様子だった、「今日は少し早めに切り上げさせていただきます。と申しますのも、今わが家が火事だからです」

これは誰についても同じことだ。あなたの家もまた火事だ。でもあなたは、取り乱した様子すらない。

誰の家も火事だ。でもあなたは気づいていない。死に気づいていない……自分の手から生がすり抜けていくのに気づいていない。あなたは刻々と死んでいく。取り戻すすべもない機会を刻々と失っていく。失われた時間は、失われたものであり、取り戻すすべはない。そして生は刻々と短くなっていく。

だからこそ私は「あなたの家もまた火事だ」と言うのだ。でもあなたは取り乱した様子すらない――それを気にしている様子すらない。自分の家が火事だという事実に気づいていない。その事実はそこにある、でも、あなたの注意はそこにない。誰もが、「時間は充分あるから何かできる」と思っている。でも時間は充分でない。するべきことに比べれば、決して時間は充分でない。

あるときこんなことがあった。悪魔が地獄で人々のやって来るのを待っていた。ところが何年たっても誰ひとりやって来ない。悪魔は人々を歓迎しようと待っていたのに、人々は地上でとてもうまくやっていたので、誰も地獄へやって来ない。そこで彼はたいへん心配になって、緊急会議を召集した。彼の偉大な弟子たちは集まって、問題について討議した。地獄は大きな危機を迎え、もはや放ってはおけなくなった。どうにかしないといけない。そこでこの事態をどうすべきか意見を求めた。

ひとりの弟子が提案した、「私が地上へ行って人々に説いて聞かせましょう——この世に神なんかいないし、宗教も偽りで、聖書やコーランやヴェーダの言うことはみな嘘だと」

悪魔は言った、「それはだめだ。そんなことはずっと昔からやってきたが、ちっとも効目がない。そんな言葉で納得するような人間は、最初から納得している。だからそれはだめだ。ほとんど役に立たない」

すると二番目の弟子で、もっと巧妙な者が言った、「私が人々にこう説いて聞かせましょう——聖書やコーランやヴェーダの言うことはみな本当だ。天国はちゃんとあるし、神もいる。でも悪魔や地獄というものはない。だから恐がることはない——。そうして人々の恐れが減れば、やがて宗教に構う者もいなくなるでしょう。なぜなら宗教は恐怖に基づいているからです」

悪魔は言った、「その提案は多少ましだ。おそらく少数の者には効果があるだろう。でも大多数の者たちは耳を傾けまい。彼らにとって、地獄に対する恐怖は天国に対する貪欲ほど大きくない。

たとえ『地獄はない』と確信したところで、依然として天国に入りたがるだろう。そしてそのために善行に励む。だからそれもあまり役に立たない」

そこで三番目の弟子で、もっとも巧妙な者が言った、「私に考えがあります。ひとつやらせてみてください。私ならこう言います――宗教の言うことはまったくもっともだ。神はいるし、悪魔もいるし、天国も地獄もみんなある。でも急ぐ必要はない」

悪魔は言った、「それだ！　それはいい案だ。お前に任せた！」

そしてそれ以来、地獄の危機はまったくなくなったそうだ。むしろ、人口過剰が心配になっているほどだ。

私たちのマインドはこのように動く。いつも「急ぐ必要はない」と考える。ここで論議している技法も、「急ぐ必要はない」と考えていたら何の役にも立たない。あなたはいつまでも延期し、死の方が先にやってくる。決して、「今こそ急ぐときだ」と思ったり、「今こそがその瞬間だ」と思う日はやってこない。あなたはいつまでも延期する。これこそ私たちが何生にもわたってやってきたことだ。

だから決意を固めて何かをすることだ。あなたは危機的な状況にある。家は火事だ。生というのはつねに火事だ。その背後にはつねに死が隠れている。あなたはいついなくなるかわからない。

死と争うわけにはいかない。死はどうしようもない。起こるときには起こる。時間はとても短い。たとえ七十年、百年、生きようとも、それはまったく短い。変容のため、突然変異のため、新しい存在になるため、必要なことはたくさんある。だからいつまでも延期してはいけない。

「緊急事態だ、深刻な危機だ」と感じないかぎり、あなたは何もしない。宗教が火急の問題とならないかぎり、また、自己の変容のために何かしなくてはと感じないかぎり、あなたの生はすべて浪費される。このことを深く、痛切に、心から感じないかぎり、こうした技法は何の助けにもならない。いくら技法を理解したところで、何もしなければどうにもならない。実際、それについて何かしないかぎり、それを理解したとは言えない。理解は行動とすべきものだ。行動とならなければ、それは知識であって理解ではない。

この区別を理解すること。知識は理解ではない。知識はその実行を強制しない。知識は何の変化も強制しない。知識は何かをするように強制しない。あなたはそれを集める。それは情報となる。あなたは物知りになる。でも死がやってくると、すべては停止する。あなたはいろんなものを集めながら、それについて決して何もしない。その知識は重荷となるばかりだ。

理解とは行動を意味する。もし何かを理解したら、あなたは直ちにそれを実行に移す。もしそれが正しく、あなたもまた「それは正しい」と感じたら、それについて何かをしないということはあり得ない。さもないと、すべては借物のままだ。そして借物の知識は決して理解とはならない。それが借物だという事実を忘れることならできる。あなたとしては、借物だということを忘れてしまいたい。借物だと感じたらエゴが傷つく。だからあなたはいつも、それが借物だということを忘れる。そして少しずつ、それを自分自身のものだと思い始める。これは非常に危険だ。

こんな話がある。ある教会に牧師がひとりいた。でも彼は、その教会の会衆にすっかり飽きられていた。そしてついに教会員たちは、彼に面と向かって、出ていってほしいと言った。

牧師は言った、「もう一回チャンスが欲しい。もう一回だけでいい。もしそれでもだめだったら、私は出ていこう」

そこで次の日曜日、町じゅうの人々が教会につめかけた。そして牧師の最後の機会に注目した。人々は思いもしなかった、想像もしなかった——これほどすばらしい説教が、この日行なわれようとは。これほどのものは、今だかつて誰も耳にしたことがなかった。

人々は驚き、喜び、そして楽しんだ。説教が終わると人々は牧師を取り囲み、こう言った、「もう出ていかなくていい。ここにいて欲しい。このようなものは今まで聞いたことがない。このままとどまって欲しい。もちろん僧禄も増額しよう」

でもひとりの男が、会衆の中でも特に際立った男が、こう尋ねた、「ひとつだけ聞きたい。説教を始める前、あなたは左手を挙げて二本の指を立てた。そして説教を終えるときには右手を挙げて、やはり二本の指を立てた。あれはいったいどういう意味か」

牧師は言った、「それは簡単なことだ。あの指は引用符を表している。つまりこの説教は私のものではない。借物だ」

この引用符をいつも心に留めておくこと。あなたはとかくそれを忘れたがる。忘れれば心地いい。しかしあなたの知っているものは、みな引用符の中にある。自分のものではない。その引用符が落とせるのは、それが自分自身の体験となって初めてだ。

こうした技法は、知識を体験へと変えるためのものだ。こうした技法は、知識を理解へと変えるためのものだ。ブッダやクリシュナやイエスといった人々のものが、こうした技法を通じてあなた自身のものになる。そしてあなた自身のものにならないかぎり、どんな真理も真理ではない。それは壮大な嘘かもしれないし、美しい嘘かもしれない。どんな真理も、それが自分の体験とならないかぎり、そして自分の個人的で本来的な体験とならないかぎり、真理ではない。

次の三点を覚えておくこと。ひとつ。あなたの家はいつも火に包まれている。二つ。例の悪魔の言うことを聞いてはいけない。彼はいつも「急ぐことはない」と言う。そして三つ。知識は理解ではない。

私はこうして語るが、それによってあなたは知識を得る。それは必要だ、しかし充分ではない。

それによってあなたは旅立つ、でも、それは目的地ではない。だから何かをすることだ。そしてそれによって、知識を知識としてとどめず、記憶としてとどめず、自分の体験にし、自分の生にする。

◉…………88

知る者と知られるものを知る

では第一の技法、

知ることを通じて、個々の物は知覚される。
知ることを通じて、自己《セルフ》は空間の中に輝く。
ある存在物を、「知る者」と「知られるもの」として知覚する。

あなたが何かを知るとき、それは「知ること」を通じて知られる。知識という機能を通じて、対象は心《マインド》へと到来する。たとえば一輪の花を見て、あなたは「これはバラの花だ」と知る。そのバラの花はそこにあり、あなたは内側にいる。何かがあなたからバラの花へやってくる……あなたの何かがバラの花の上に投影される。何らかのエネルギーがあなたから発せられ、バラへと至り、その形態や色や香りとなる、そしてあなたのもとへ戻って、「それはバラの花だ」と知らせる。

あらゆる知識、あなたの知ることすべては、「知る」という機能を通じてもたらされる。「知ること」はあなたの機能だ。知識はこの機能を通じて収集される。「知ること」は二つのものを明らかにする――「知られるもの」と「知る者」だ。一輪のバラの花を知る際、もしその「知る者」を忘れたら、その知識は半分でしかない。だから一輪のバラの花を知る際、そこには三つのものが存在している――「知られるもの」と、「知る者」つまりあなたと、その二つの間の関係つまり「知識」だ。

だから知識は三つの要素に分かれる――「知る者」、「知られるもの」、そして「知ること」だ。「知ること」は、ちょうど主観と対象という二点の間の橋のようなものだ。普通、あなたの知識は「知られるもの」しか示さない。「知る者」は示されないままだ。普通、あなたの知識は一方向の矢だ――バラの方は指さすが、自分を指さすことは決してない。それが自分を指さすようにならないかぎり、その知識は、あなたに世界を知らせるかもしれないが、自己について知らせることはない。

瞑想の技法はすべて、「知る者」を開示するものだ。ゲオルギー・グルジェフはこれによく似た技法を使った。彼はそれを自己想起と呼んだ。彼いわく、何かを知ろうとしているときには、いつも「知る者」を想起せよ。対象の中にそれを忘れてしまってはいけない。主観を想起せよ――。

たとえば今、あなたは私の話を聴いている。私の話を聴いているとき、その聴き方には二つある。ひとつは心《マインド》の焦点を私に向ける聴き方だ。するとあなたは聴き手を忘れる。語り手を知ることはできるが、聴き手は忘れてしまう。

グルジェフいわく、聴いているときには、語り手とともに聴き手のことも知れ——。知識に必要なのは、双方向の矢となって「知る者」と「知られるもの」の二点を指し示すことだ。対象に向かって一方向にだけ流れるようではいけない。「知る者」と「知られるもの」の二方向に同時に流れる。これが彼の言う自己想起だ。

花を見ているとき、それを見ている者のことも想起する。これは難しい。なぜなら、「知る者」を意識しようとすれば、花の方を忘れるからだ。あなたは一方向へ向かうのが習慣になっているから、それにはきっと時間がかかる。「知る者」に向かえば、「知られるもの」を忘れてしまう。「知られるもの」に向かえば、「知る者」を忘れてしまう。

でも少し努力すれば、徐々に両方同時に意識できるようになる。両方同時に意識できるようになることが、グルジェフの言う自己想起だ。これはブッダの使った最古の方法のひとつだが、グルジェフは再びそれを西洋に紹介した。

ブッダはそれをサムヤック・スムルティー、「正念《しょうねん》」と呼んだ。彼いわく、あなたの心《マインド》が一点しか知らなかったら、それは正念の状態にない。心は両方を知らないといけない。すると奇跡が起こる。もし「知られるもの」と「知る者」との両方に気づいていれば、突然、あなたは第三のものとなる——あなたはどちらでもない。「知られるもの」と「知る者」を意識しようと努めることによって、あなたは第三のもの、つまり観照者になる。第三のもの、つまり観照する自己がたちまち現れる。どうしたらその両方を知ることができるか。もしあなたが「知る者」だったら、あなたは一点に固定されたままだ。自己想起の中で、「知る者」という固定的一点からの転換が起こる。そのとき「知る者」は自分の心であり、「知られるもの」は世界だ。そしてあなたは第三の点となる。それは意識であり、観照する自己だ。

この第三の点は超越できない。そして超越できないものは〈究極〉だ。超越できるものは価値なきものだ。それはあなたの本性ではない。それはまだ超越できる。

ひとつの例を使って説明しよう。夜、あなたは眠り、夢を見る。朝になると眠りから覚め、夢は消え去る。目覚めているとき、夢はなくなり、別の世界が視野に入ってくる。あなたは通りを歩いたり、工場や会社で働く。それからまた家に帰ってきて、夜になると眠りに落ちる。すると目覚めているあいだ知っていた世界は消え失せる。そして自分が誰だか想起できなくなる。はたして自分が黒人か白人か、貧乏か金持ちか、利口か馬鹿かわからなくなる。何もわからなくなる。自分が若いか年寄かわからないし、男か女かもわからない。覚醒時の意識に関するすべては消え失せ、夢の世界に入る。覚醒の世界は忘れ去られる。それはもはや存在しない。そして朝になると夢の世界は消え失せる。あなたは戻ってくる。

どちらが現実なのか。夢見ているときには、現実の世界つまり覚醒時に知っていた世界はもはやない。だから比較できない。そして目覚めているとき、夢の世界はもはやない。だから比較できない。どちらが現実か。なぜあなたは夢の世界の方を非現実と言うのか。その基準は何か。

たとえあなたが、「夢の世界は目覚めると消え去る、だから非現実だ」と言ったとしても、それは基準にならない。覚醒時の世界も、夢を見ているときには消え去る。そして実際、そんな論法でいけば、夢の世界の方がもっと現実であるかもしれない。というのも、覚醒時に夢のことを思い出すのは可能でも、夢を見ているときには、覚醒時の意識やそれを取り巻く世界は思い出せないからだ。だとしたら、どちらの方が現実的で深いだろうか。

夢の世界は、あなたが現実だと呼ぶ世界をすっかり洗い落とす。いわゆる現実の世界は、夢の世界をそれほどすっかりは洗い落とさない。どうみても夢の方がしっかりしているし、現実のようだ。はたして何がその基準か。どうやって比較するのか。

タントラいわく、両方とも非現実だ。では何が現実か。タントラいわく、夢の世界を知る者、そして覚醒時の世界を知る者こそが現実だ。なぜなら、その者は決して超越されないからだ。その者は決して消去されない。夢を見ようが目覚めていようが、その者は消え去ることなく、そこにある。

タントラいわく、夢を知る者、夢が止んだのを知る者、覚醒時の世界を知る者、覚醒時の世界が消え去ったことを知る者、その者こそが現実だ。その者は消え去らない。つねにそこにある。どんな体験によっても消去されない者こそが現実だ。超越されない者、それを超えて先には行けない者、それこそがあなたの自己だ。それを超えて先に行くことができたら、それはあなたの自己ではない。

グルジェフが自己想起と呼んだこの技法も、ブッダが「正念」と呼んだこの技法も、そしてタントラのこのスートラも、同じものに到達する。それはあなたの中の一点であり、「知られるもの」でも「知る者」でもなく、その両方を知っている「観照する自己」だ。

この観照する自己こそ究極であり、それを超えて先へ行くことはできない。そのときあなたの行なうことは、ただ観照だけだ。観照を超えて先に進むことはできない。だから観照とは、究極の根底であり、意識の根本的な基盤だ。このスートラはそれをあなたに指し示す。

知ることを通じて、個々の物は知覚される。
知ることを通じて、自己は空間の中に輝く。
ある存在物を、「知る者」と「知られるもの」として知覚する。

もし自分の中に、「知る者」であるとともに「知られるもの」である一点を知覚できたら、それは、主観と対象の両方を超越することであり、物質と心《マインド》の両方を超越することであり、外側と内側の両方を超越することだ。そうしてあなたは、「知る者」と「知られるもの」とがひとつになる点に到達する。もはや分割はない。

マインドがあれば分割も存在する。観照しているときにだけ、分割は消失する。観照しているときには、誰が「知られるもの」で誰が「知る者」か語れない。それは両方だ。しかしまず必要なのは体験を基礎にすることだ。さもないと哲学的論議になってしまう。だから要は、それを試すこと、実験することだ。

たとえばバラの花の近くに座っているとき、その花を見る。まず最初にすることは、どこまでも注意深くなることだ。バラに全面的な注意を向ける。そうして、世界全体が消え去りバラだけが残るようにする。自分の意識を、そのバラの存在に全面的に向ける。その注意が全面的であれば、世界は消え失せる。バラに注意が集中されればされるほど、ほかのすべては落ちていく。世界は消え去り、バラだけが残る。バラが世界となる。

バラに集中すること、それが第一歩だ。もしバラに集中できなかったら、なかなか「知る者」へは向かえない。マインドとはつねに散漫なものだ。だから集中は瞑想への第一歩となる。

ただバラだけが残る。世界全体は消え失せる。すると内側へ向かうことができるようになる。バラが転回点となって、あなたは内側へと向かう。まずバラを見る、そして自分自身に、つまり「知る者」に気づくようにする。

始めのうちはなかなかうまくいかない。「知る者」へと移ると、バラは意識から抜け落ちる。バラは淡くなり、遠くへ去ってしまう。また、バラに戻ると、今度は自己を忘れ去ってしまう。このかくれんぼはいつまでも続く。それでも実行し続ければ、やがてあるとき、突然、あなたはその中間に至る。「知る者」すなわちマインドと、バラはそこにある。そしてあなたはちょうどその中間にあり、両方を見ている。この中間点、このバランス点こそが、観照者だ。

いったんそれを知ったら、あなたは両方になる。そのとき、バラすなわち「知られるもの」と、「知る者」すなわちマインドとは、あなたの両翼となる。そのとき、主観と対象は両の翼《つばさ》となり、あなたはその両方の中心となる。両方ともあなたの延長だ。そのとき、世界と〈神〉とは、ともにあなたの延長となる。あなたは存在の中心そのものに至った。そしてこの中心こそが観照者だ。

ある存在物を、「知る者」と「知られるもの」として知覚する。

まず何かに集中することから始める。その集中が全面的になったときに、内側へと向かう。自分自身へと向かう。それから次には、バランスを保つ。これには時間がかかるだろう。何ヵ月も、あるいは何年も。それは努力の程度による。このバランスは、二物の間に現れるバランスのうち、もっとも微妙なものだ。でもそれは起こる。そしてそれが起こったとき、あなたは〈存在〉の中心に到達している。その中心であなたは根づき、地につき、沈黙し、至福に満ち、エクスタシーにひたる。もはや二元性はない。これこそヒンドゥー教徒の言うサマーディ(三昧)であり、イエスの言う神の王国だ。

たんにこれを言語上で理解しても、大した役には立たない。でも実際にやってみれば、その始めから、きっと何かが起こってくるだろう。もしバラに集中すれば、世界は消え去る。世界が消え去るということ、それは奇跡だ。するとあなたはこんな理解に達する——自分の注意こそが基本であり、注意の向けられるところに世界は生み出され、その注意が去るとその世界は消えるのだと。だから、自分の注意によっていろんな世界を生み出すことができる。

こう考えてごらん。あなたがここに座っている。そしてもしあなたが誰かを恋していたら、突然、その相手だけがこの広間《ホール》に残り、それ以外はみな消え去る、存在しなくなる。これはいったいどういうことか。なぜ恋をすると、相手だけが残るのか。実際、世界全体がなくなる——影か幻のようになる。ただひとりの人間だけが現実になる。あなたの心はひとりの人間に集中され、その人間に吸い込まれてしまう。それ以外のものはすべて、影のような存在になる——あなたにとって現実ではなくなる。

何かに集中するとき、その集中そのものが、自分の存在のパターンをすっかり変え、マインドのパターンをすっかり変える。試してごらん。相手は何でもいい。仏像でもいいし、花でもいいし、木でも何でもいい。あるいは、恋人の顔とか、友人の顔など、人の顔を見てもいい。

顔の方がやさしいだろう。もし誰かの顔を愛したら、集中するのもまったくやさしい。実際、ブッダやイエスやクリシュナに集中しようとしていた人々は、そうした人物を愛する人々だった。彼らはブッダを愛していた。だからシャーリプトラやモドガリヤーヤナその他の弟子たちにとって、ブッダの顔に集中することはいとも簡単だった。ブッダの顔を見るやいなや、彼らは容易にその顔に向かって流れていった。愛がそこにあった。彼らは夢中になった。

だからひとつ顔を見つけてごらん――あなたの愛する顔なら何でもいい。その目を見つめ、その顔に集中する。突然、全世界は消え、新たな次元が開ける。そのとき心はひとつのものに集中している。するとその人間なりその物は、世界全体となる。

これは何かに全面的に集中したときの話だ。そうすればその対象が全世界になる。あなたは自分の注意を通じて世界を生み出す。あなたの世界は、あなた自身が注意を通じて生み出すものだ。もしあなたがその対象にすっかり吸い込まれ、その対象に向かって川のように流れ出していれば、突然、その注意の流れ出す源泉に気づくようになる。その川は流れている。だからその源泉に気づくことだ。

最初のうちは、何度も何度もしくじるだろう。源泉に向かおうとすると、その川を忘れ、対象を忘れてしまう――つまりその川の行く先である海を忘れてしまう。そして対象に向かうと、源泉を忘れてしまう。それは自然だ。なぜなら心は対象か主観かのどちらかに固定されているからだ。

だからこそ、たくさんの人々が隠遁し、俗世を去るのだ。俗世を去るということは、基本的に対象を去るということだ。そうすれば自分自身に集中できる。それは容易だ。もしこの世界を去り、目を閉じ、五感すべてを閉じれば、容易に自分自身に気づくことができる。しかしその気づきは、やはり偽りだ。なぜならそれは二元性の一方を選ぶことだからだ。それは同じ病気のもう一方の極だ。

つまり始めは、対象すなわち「知られるもの」に気づいていた。そして主観すなわち「知る者」に気づいていなかった。ところが今度は「知る者」に固定され、「知られるもの」は忘れ去られる。そして二元的な分割はそのままだ。古いマインドが新しい様式の中に現れただけだ。何も変わってはいない。

だから私は「対象の世界を去れ」とは言わない。対象の世界を去ってはいけない。そうではなく、主観と対象の両方に同時に気づくよう、外側と内側に同時に気づくようにするのだ。両方がそこにあって初めて、その両方の間にバランスをとることができる。一方しかなかったら、それに取り憑《つ》かれてしまう。

ヒマラヤへ行って閉じこもるような人々は、ちょうどあなたが逆立ちしているようなものだ。あなたは対象に固定されているが、彼らは主観に固定されている。あなたは外側に固定されているが、彼らは内側に固定されている。あなたも自由ではないが、彼らも自由でない。どちらか一方の側にいたら、決して自由になれない。一方だけだと、それに同化してしまう。その両方に気づいて初めて自由になれる。つまりあなたは第三のものとなる――その第三の点こそが自由だ。一方だけだと同化してしまう。二つであれば、動くことも、移ることも、バランスをとることもできる。そして中間点に到達できる――絶対的な中間点に。

ブッダはかつて自分の道のことを、「中道」、マッジーム・ニカーヤと言った。なぜあれほど中道という呼び方にこだわったのか。その理由はまだ真には理解されていない。その理由は、彼の手法のすべてが「心の持ち方」にあったからだ。それが中道だ。ブッダいわく、「この世界を離れてはいけない。もう一方の世界に執着してはいけない。その中間にとどまることだ。一方の極を離れ、他方の極に向かってはいけない。ただ中間にとどまる。中間にはそのどちらも存在しない。

真ん中では、あなたは自由だ。真ん中では、二元性は存在しない。あなたは、ひとつに到達する――二元性はたんにあなたの延長となり、両方の翼となる」

ブッダの中道はこの技法に基づいている。この技法はすばらしい。様々な理由によってすばらしい。ひとつ。これはたいへん科学的だ。なぜなら、バランスがとれるのは二点の間だけだからだ。一点しかなかったら必ずアンバランスになる。だからブッダいわく、世間的な人間はアンバランスであり、また世界を放棄した人間もまた逆の意味でアンバランスだ。バランスのとれた人間は、こちらの極にもあちらの極にもいない。彼はちょうど真ん中に生きる。そのような人間は、世間的とも呼べないし、脱俗的とも呼べない。彼は自由に動くことができる。何にも執着していない。中間点に到達している。黄金の中庸だ。

第二点。対極に移るのはまったくやさしい。たとえば、過食する人間にとって、断食するのはやさしい。でも節食するのは容易でない。またしゃべり過ぎの人間にとって、沈黙するのはまったくやさしい。でも言葉を少なくすることはできない。過食する人間にとって、ぜんぜん食べないことはまったくやさしい。それは対極だ。でも適度に食べること、中間点に至ることは、まったく難しい。また、誰かを愛するのはやさしい。憎むのもやさしい。でもただ無関心でいることはまったく難しい。人は一方の極から他方の極へと移る。

中間にとどまるのはまったく難しい。なぜか。それは、中間ではマインドがなくなるからだ。マインドは「極」に存在する。マインドとは極端を意味する。マインドはつねに過激派だ。味方するか敵対するかのどちらかだ。中立ではいられない。マインドは中立性と相容れない。「ここ」か「あそこ」になら存在できる。なぜならマインドは対立を必要とするからだ。マインドにとっては何かに対立することが必要だ。何にも対立しなかったら、マインドは消え失せる。もはやマインドの仕事はなくなる——機能できなくなる。

これを試してごらん。どんなやり方でもいいから、中立的に、無関心になってみる。すると突然、マインドは機能しなくなる。もし何かに味方すれば、思考が始まる。もし何かに敵対すれば、思考が始まる。でも味方も敵対もしなかったら、どこに考えることがあるだろう。ブッダいわく、この無関心こそ中道の基本だ——ウペクシャ、「無関心」だ。極端に対して無関心になる。ちょっと試してごらん、極端に対して無関心になってみる。するとあるバランスが現れる。

このバランスは、新しい次元の感覚をもたらす。その次元では、あなたは、「知る者」であるとともに「知られるもの」であり、この世界であるとともに別世界であり、「これ」であるとともに「あれ」であり、体であるとともに心だ。あなたはその両方であり、また同時にそのどちらでもない。あなたは両方の上にいる。三角形が出現する。

みんなも見たことがあると思うが、神秘学《オカルト》や秘教的な結社では、さかんに三角形が象徴として使われてきた。三角形は最古の神秘学的象徴のひとつだ。というのも、三角形には角が三つあるからだ。普通、人には角が二つしかない。三番目の角は欠けている。それはまだない。まだ進化していない。三番目の角は両方を超えている。両方はそれに属している——その一部だ。でもそれは両方を超え、その上方にある。

この技法をやってみれば、自分の中に三角形を作ることができる。三番目の角は徐々に現れる。そしてそれが現れたら、もはやあなたから苦はなくなる。観照できるようになったら、あなたから苦はなくなる。苦というのは、何かと同化することだ。

ただ、ここに微妙な一点がある。観照できるようになったら、そのときには至福との同化もなくなる。だからこそブッダは言ったのだ、「私にはこうしか言えない——そこに苦はない。サマーディの中、エクスタシーの中に、苦はない。だが、そこに至福があるとも言えない」。ブッダいわく、「そのようには言えない。ただ、そこに苦はないと言えるだけだ」

彼の言う通りだ。なぜなら至福とは、いかなる種類の同化も存在しないことだからだ——至福との同化でさえも。これはたいへん微妙だ。もし「自分は至福に満ちている」と感じたら、やがて再び苦の中に入る。「自分は至福に満ちている」と感じることは、再び苦へと入る準備をすることだ。つまり、それもまた気分との同化だ。

たとえばあなたが幸福を感じる。そして幸福と同化する。幸福と同化するとき、不幸は始まる。今やあなたはそれに執着し、その反対を恐れ、「いつもそれが自分のもとに存在するように」と願う。それによってあなたは、苦の出現に必要なものすべてを生み出す。かくして苦が現れる。そして幸福に同化する人間は、苦にもまた同化する。同化こそ病気だ。

しかし三番目の点では、何かに同化することはない。たとえ何が来ようとも、そして去っていこうとも、あなたはただ観照者のまま、見物人のままだ――中立的で、無関心で、同化していない。

朝が来て太陽が昇り、あなたはそれを観照する。でもべつに「私は朝だ」とは言わない。やがて昼になっても、べつに「私は昼になった」とは言わない。そして太陽が沈み、闇が訪れ、夜となっても、「私は闇であり夜である」とは言わない。ただそれを観照し、そして言うだけだ、「かつて朝があって、昼になって、夕方になって、そして今、夜がある。そしてまた朝になり、この循環は延々と続く。でも私はただの傍観者だ。私は観照を続ける」

もし同じことが、気分に対しても可能になったら……。朝の気分、昼の気分、夕方と夜の気分――気分には気分の循環があり、延々と動き続ける。あなたは観照者となる、そして言う、「今、幸福がやってきた。ちょうど朝のようなものだ。そして今に夜がやってくる……苦だ。気分は私をめぐって変わり続けるが、私は自分自身に中心を据えたままだ。どんな気分にも同化しない。どんな気分にも執着しない。私は何も望まないし、欲求不満に陥ることもない。私はただ観照者だ。何が起ころうとも、私はそれを見る。それがやってきたとき、私は見る。それが去るとき、私は見る」

ブッダはこれを何遍も使った。彼は繰り返し繰り返し言った、「想念が現れたら、それを見なさい。苦の想念、幸福の想念が現れるとき、それを見なさい。それが頂点に達するとき、それを見なさい。そしてそれが傾き始めたとき、それを見なさい。そしてそれが消え去るとき、それを見なさい」

現れ、とどまり、消える……あなたはただ観照者としてとどまり、それを見つめ続ける。この三番目の点が、あなたを観照者すなわち「サクシ」にする。そして観照者であること、それは意識の最高の可能性だ。

89 すべてを自分の存在の中に包含する

第二の技法、

愛する者よ、今この瞬間、
心《マインド》も、知も、息も、形態も、包含する。

この技法は少しばかり難しい。でも実行できたら、それはじつにすばらしく、美しい。分割することなく座る。瞑想のうちに座る。いっさいを包含する――体も、心も、息も、思考も、知も、すべてを包含する。分割してはいけない。いかなる断片化も行なわない。ふつう私たちは断片化してしまう。絶えず断片化する。そして「体は私ではない」と言う。技法によってはそれを使うこともある。でもこの技法はまったく違っている。というより反対だ。

分割してはいけない。「私は体ではない」と言ってはいけない。あるいは、「私は息ではない」とか「私はマインドではない」と言ってはいけない。ただ「私はすべてだ」と言い、そしてすべてであるようにする。自分の内側で断片化してはいけない。これはひとつの感覚だ。目を閉じ、内側に存在するものすべてを包含する。どこにも自分の中心を置かない――中心なしになる。息は出入りし、思考は来ては去る。体の形態は絶えず変化する。あなたはそれを観察したことがない。

目を閉じて座ればこんなことが感じられるだろう――ときには自分の体が大きくなり、ときには体が小さくなり、ときにはたいへん重くなり、ときには軽くなって舞い上がりそうになる……このように形態の増大なり減少が感じられる。ただ目を閉じ座るだけで、ときには体がたいへん大きくなり部屋全体を充たすほどにも感じられ、ときには非常に小さくなって原子くらいにも感じられる。なぜこのように形態が変化するのか。それは、注意の変化に従って体の形態も変化するからだ。もしあなたが包含的であれば、形態も大きくなる。もしあなたが排除的であれば……「これは私ではない、これも私ではない」というふうに排除的だったら、形態も小さくなり、微細に、原子のようになる。

スートラいわく、

愛する者よ、今この瞬間、心も、知も、息も、形態も、包含する。

自分の存在の中にすべてを包含する。何物も排除しない。「これは私ではない」とか言わず、そのかわりに「私は在る」と言い、すべてをその中に含める。座っている間にこれができたら、あなたには、すばらしい出来事、まったく新しい出来事が起こる。もはや中心がなくなる――自分の中に中心がなくなる。そして中心がなくなれば、自己はなくなり、エゴはなくなり、ただ意識だけが残る……すべてを覆う空のような意識だけが。

そしてそれが成長すれば、たんに自分の息が包含されるのみならず、たんに自分の形態が包含されるのみならず、究極的には宇宙全体が自分の中に包含される。

スワミ・ラマティィールタは、この技法を使って修行した。やがてときが至って、彼はこう語るようになった、「世界全体は私の中にある。星々は私の中で動いている」。ある男が彼と語っていて、「ここヒマラヤ山中はたいそうすばらしい」と言った。ラマティィールタはそのときヒマラヤにいた、それで男は、ここヒマラヤ山中はたいそうすばらしいと言ったのだ。するとラマティィールタはこう言ったそうだ、「ヒマラヤだって？　ヒマラヤは私の中にある」

気でも違ったかと男は思っただろう。どうしてヒマラヤが彼の中にあるだろう。でもこの技法を実践すれば、ヒマラヤが自分の中にあると感じることもできる。なぜそれが可能なのか説明しよう。

あなたが私のことを見るとき、あなたはべつに、この椅子の上に座っているこの人間を見るわけではない。あなたが見ているものは自分の中にある私の像であり、自分のマインドの中にある私の像だ。この椅子の上に座っている私のことが、どうしてあなたにわかるだろう。あなたの目は像を運ぶだけだ。いや、像ですらない……光線があなたの目の中に入るだけだ。また目が自分でマインドのもとへ赴くわけではない。光線が目を通じて中へ入るだけだ。また光線を運ぶ神経組織は、光線を光線として運ぶわけではない。光線は化学物質へと変換される。だから運ばれていくのはその化学物質であり、そしてそれが解読され、マインドの中で私を見るというわけだ。

あなたは今まで決してマインドの外に出たことがない。あなたの知る世界すべては、マインドの中で解読されたものであり、マインドの中で知られたものだ。ヒマラヤも太陽も星々も月もみな、あなたのマインドの中のきわめて仄《ほの》かな存在物として存在する。だから目を閉じ、「すべては自分の中に包含されている」と感じれば、世界全体が自分の中で動いていることがわかる。そしてひとたび、世界全体が自分の中で動いていると感じられたら、あなたの個人的な苦はすべて消え去る。あなたはもはや一個人ではない。すでに〈絶対〉となっている。非個別的なものとなっている。〈存在〉全体となっている。

この技法はあなたの意識を拡張する。現在西洋ではいろんな薬剤《ドラッグ》が意識拡張のために使われている。ＬＳＤとか大麻とかその他のドラッグが――。インドでも昔はそういうものが使われた。そうしたものを使えば偽りの拡張感が得られる。だから、ドラッグを使う人々すべてにとって、この技法は素晴らしいものであり、たいへん有効だ。というのも彼らは拡張を追い求めているからだ。

ＬＳＤを摂《と》ると、あなたは自己に限定されなくなる。そしてすべてが自分の中に包含されるようになる。今までにいろんな事例がある。たとえば七階建のビルから飛び下りた娘がいる。彼女はこう感じた、「自分は死ぬわけがない、死は不可能だ」と。そして、「自分は飛べる、それをさえぎるものはない」と思った。もはや恐怖はなかった。そして七階建のビルから飛び下りて死んだ。即死した。ドラッグの影響によって、彼女のマインドには、制限というもの、死というものがなくなった。

意識の拡張は一時的な流行となっている。なぜなら拡張すれば高揚感が起こるからだ――世界全体が徐々に自分の中に包含されていく。あなたは大きくなる。無限に大きくなる。そしてその大きさとともに、その拡張とともに、個人的な苦はなくなる。しかし、ＬＳＤや大麻その他のドラッグによって得られるものは、たんに偽りの感覚だ。

この技法によって、この感覚は本物になる。本当に全世界はあなたの中にやってくる。それには二つの理由がある。ひとつ。私たちの個人的意識は、真の意味で個人的ではない。奥深くで、それは集合的だ。私たちはそれぞれに島のように見えるが、島は奥底で大地につながっている。私たちは一見すると、島のようにそれぞれ違っている。私は意識的であり、あなたも意識的だ。でもあなたの意識と私の意識とは、奥底のどこかでひとつだ。意識は、大地、つまり根本的な地盤とつながっている。

だからこそ、一見すると説明不可能なことがしばしば起こるのだ。たとえば、自分ひとりで瞑想すると、瞑想の中に入るのが比較的難しい。でも集団の中で瞑想すると、それがとても簡単になる。なぜなら集団全体がひとつの単位として働くからだ。瞑想キャンプで私は気づいたのだが、二、三日すると個々の区別はなくなり、もっと大きな意識の中に溶け込んでいく。そしてたいへん微妙な波が感じられる。たいへん微妙な波が動き始める。そして集団的意識が広がっていく。

だから踊るときでも、実際はあなたが踊っているのではなく、その集団的意識が踊っているのだ。あなたはその一部でしかない。そのリズムはあなたの内側にあるだけではなく、あなたの外側にもある。そのリズムはあなたのまわり中にある。集団の中で、あなたはいなくなる。島という表面的な現象は忘れ去られ、もっと深い現象、つまり一如《ひとつであること》が開示される。集団の中にいる方が、あなたは〈神〉に近い。一人のときにはもっと離れている。なぜなら、一人になると再びエゴに集中してしまうからだ。つまり、表面的な差異、表面的な分離に集中してしまう。

この技法は有効だ。なぜなら本来あなたは宇宙とひとつだからだ。唯一の問題は、どうやってそれを掘り下げるか、あるいは、どうやってその中に陥って、それをさとるかだ。

仲のいい人々と一緒にいると、つねにエネルギーが沸いてくる。敵対的な人間と一緒にいると、つねに自分のエネルギーが涸れていくように感じる。なぜか。仲のいい人々や家族と一緒に座ったり、くつろいだりしていると、それだけで元気になる。友人に会うと、以前にも増して生き生きしてくる。一方、敵の前を通ると、ただそれだけで、何かエネルギーが失われたように感じられ、疲れを感じる。それはいったいどういうことか。

仲がよくて気持ちの通じる人々と一緒にいれば、あなたは自分の個別性を忘れる。あなたは基本的な水準《レベル》まで落ちて行き、そこで集団と一緒になる。でも敵対的な人間と出会うと、あなたはもっと個体的、エゴ的になる——自分のエゴにしがみつく。このしがみつきによって、あなたは疲れを感じる。エネルギーはすべて根底からやってくる。エネルギーはすべて、集合的存在という感覚とともにやってくる。

最初のうち、この瞑想をやっていると、ある集合的存在が生じてくるように感じるだろう。そして究極的には宇宙的意識が生じる。あらゆる差異がなくなり、あらゆる境界が消え去るとき、そして〈存在〉が一個のもの、ひとつの単位、ひとつの全体となるとき、すべては包含される。すべてを包含しようというこの努力は、あなた自身の個別的存在から始まる。

包含する――。

愛する者よ、今この瞬間、心も、知も、息も、形態も、包含する。

覚えておくべき根本的な点は、包含的になるということだ。排除してはいけない。これこそこのスートラの鍵だ――包含的になる、包含する。包含し、成長する。包含し、拡張する。自分の体で試し、次いで外の世界でもやってみる。

木の下に座り、木を見つめ、それから目を閉じ、その木を自分の内側に感じる。空を見つめ、それから目を閉じ、空を自分の内側に感じる。朝日を見、目を閉じ、朝日が自分の内側に昇るのを感じる。もっと包含的に感じるのだ。

きっと途方もない体験が起こる。木を自分の内側に感じたとたん、自分が若返り、爽快になったように感じられる。それは想像ではない。なぜなら、その木とあなたとは共に大地に属しているからだ。両方とも同じ大地に属し、そして究極的には同じ〈存在〉に根ざしている。だから木が自分の中にあると感じるときには、木はあなたの中にある。それは想像ではない。そしてたちまちその効果が感じられる。その木の生気、その緑、そのさわやかさ、過ぎゆくそよ風、それが自分の内側、ハートの中で感じられる。要は、存在するものをもっともっと包含してゆき、排除しないことだ。

多くの世界教師たちは、いろんな仕方でこのことを教えてきた。イエスは言った、「自分の敵を自分自身のごとく愛せよ」。これは包含性のひとつの実験だ。フロイトはかつて言った、「なぜ敵を私自身のように愛さねばならないのか。敵は敵だ。なぜそれを自分自身のように愛さねばならないのか。いったいどうして愛することができるだろう」。彼の疑問は一見正当だ。でも彼にはわかっていない——なぜイエスが敵を自分のごとく愛せよと言ったのか……。それはべつに社会的、政治的なものではない。べつに社会を変えるためではない……より良い社会を築くためではない。それはあなたに、存在や意識についての、拡張した感覚を与えるためだ。

もし敵を自分自身の中に包含できたら、もはや敵によって害されることはなくなる。といってもべつに、あなたが殺されなくなるわけではない。あなたは殺されることもある。でも害されることはない。害が現れるのは、あなたが相手を排除するときだ。相手を排除するやいなや、あなたはエゴとなり、分離し、ひとりになり、〈存在〉から切り離される。しかし敵を自分自身の中に包含すれば、そのときにはすべてが包含される。敵でさえ包含されるなら、なぜ木や空も包含されないことがあるだろう。

敵を強調するのも、そこに理由がある。敵でさえ自分の存在の中に包含できたら、もう何でも包含できる。何かを除外する必要はない。もし敵を自分の中に包含できたら、そのときには敵でさえも活力やエネルギーを与えてくれる。彼は決してあなたにとって有害ではない。彼はあなたを殺すこともできるだろう、でも、あなたを殺そうとしているときでさえ、彼はあなたを害することができない。その害は、排除に伴ってあなた自身のマインドから現れる。

ところが、私たちの現状はまったく正反対だ。友人でさえ包含されていない。敵は排除され、友人でさえ包含されていない。自分の恋人でさえ包含されていない。恋人と一緒にいるときでさえ、相手と溶け合うことがない。あなたは分離したまま、自分自身をコントロールし、己《おのれ》を失うまいとする。そのせいで愛は不可能になっている。

己を失わないかぎり、どうして愛することができるだろう。あなたは自分自身を保っていたいし、恋人の方も自分自身を保っていたい。どちらも溶け合うつもりがない。どちらも包含するつもりがない。互いに相手を除外し、自分自身を括弧に入れる。そこには、出会いも、溶け合いも、交感もない。もし恋人でさえも包含できなければ、あなたの存在は貧困の極みとなる。あなたはひとりであり、貧しい。乞食だ。一方、全存在が包含されれば、あなたは帝王となる。

だから覚えておくこと。包含を生活の基本とするのだ。瞑想としてだけではなく、生活の基本、生活の様式とする。よりいっそう、包含するよう努める。包含すればするほど、拡張すればするほど、あなたの境界線は〈存在〉の彼方へと後退する。そしてある日、ただあなただけが在り、

〈存在〉全体は包含されている。これこそあらゆる宗教的体験の究極だ。
愛する者よ、今この瞬間、心も、知も、息も、形態も、包含する。

第六章 今こそがゴール

──◎質問◎──

◎

どうやって、“急ぎ”と“遊び”を
調整させるのでしょうか。

◎

どうしたら、自分の敵を自分の中に
包含できるのですか。

◎

◎…………最初の質問

昨日のお話によりますと、「人は目的地に向かって急がないといけない、なぜなら私たちの時間はたいへん短いからだ」ということです。一方、先日のお話では、「目的地に到達する道のりを、すべて無努力の遊びとするように」ということです。さていったいどうやって、この急ぎと遊びを調整させるのでしょう。なぜなら、急いでいる人間は、決して遊びの喜びを得ることがないからです。

まず第一に、種類の違う技法同士を混同しないことだ。私が「急いではいけない、時間を完全に忘れなさい、深刻にならず、何の努力もせず、明け渡し、ゆだねなさい」と言うとき、この技法は別種のものだ――この技法が役立つのは人類の一部だけだ。誰もができるわけではない。そしてこの技法のできる人間には、対極にある技法はできない。

この技法は女性的なマインドのためにある。女性がすべて女性的だというわけではないし、男性がすべて男性的だというわけではない。だから私が女性的と言うとき、それは女を意味しない。女性的なマインドとは、明け渡しできるマインド、子宮のように受容的になれるマインド、開放的・受動的になれるマインドだ。人類の半分はこの型であると言える。そして残りの半分はまったく反対だ。ちょうど男と女とがそれぞれ人類の半分をなすように、女性的なマインドと男性的なマインドも人類のマインドのそれぞれ半分をなす。

女性的なマインドは努力ができない。もし努力したら、どこにも到達できない。努力は逆効果となる。努力は葛藤と緊張を生み出すだけで、何ものも達成されない。女性的なマインドの働きは、ただ待ち、物事の起こるにまかせることだ。

それはちょうど女の人のようなものだ。たとえ誰かを愛しても、主導権を取ろうとしない。もし女が主導権を取ったら、きっと男は恐れをなして逃げ出すだろう。なぜならその姿勢が男性的だからだ――女性的な肉体の中に男性的なマインドがある……それで男は困ってしまう。もしあなたがどこまでも男だったら、その女の魅力はたちまち失せてしまう。女性的な男であって初めて……肉体は男性でもマインドが女性であって初めて、女に主導権を取らせて自分は幸福でいられる。でもそのときには、肉体的には相手は女で自分は男でも、精神的には自分は女性的であり、相手は男性的だ。

女は待つ。女が愛の言葉を口にするのは、男の方がまず先にそれを口にし、その意志を表明してからだ。まさにその待つことが、女性的な力だ。男性的なマインドは攻撃的だ。つねに何かをする。つねに前に進み、主導権を取る。

同じことが精神の道でも起こる。もしあなたが攻撃的なマインド、男性的なマインドを持っていたら、努力が必要だ。そうだったら急ぐことだ、時間や機会を逸してはいけない。緊急性と危機感を作り出し、自分の存在すべてを努力の中に注ぎ込むようにする。その努力が全面的になったとき、あなたは到達する。

もしあなたのマインドが女性的だったら、急ぐことは少しもない。もはや時間は存在しない。気づいたことがあるだろうか。女には時間の感覚がない。まったくない。そこで夫は家の外で待ち、あるいはクラクションを鳴らしながら、「早くおいで！」と言う。すると妻は答える、「何回言ったらわかるの。いま行くって言ってるでしょ！　もう二時間も言ってるじゃない、いま行くって。そんなに馬鹿みたいにクラクション鳴らさないでよ」

女性的なマインドには時間の感覚がない。時間を気にするのは、時間を意識するのは、男性的で攻撃的なマインドだ。男性的なマインドと女性的なマインドはまったく違っている。

女性はべつに急いでいない。実際、到達すべきところがどこにもない。だからこそ、女たちは、偉大な指導者や、偉大な科学者や、偉大な戦士になれないのだ。ときに変わり種がいたとしても、それは男性的なマインドを持った女たちだ。たとえば、ジャンヌ・ダルクとかラクシュミ・バーイとか。彼女らが女性であるのは肉体だけであって、マインドはまったく女性ではない。男性的だ。

女性的なマインドに目的地《ゴール》はない。そして私たちの世界は男性指向だ。男性指向の世界では、女たちは真に偉大にはなれない。偉大さとは目的地に関連するものだ。何らかの目的地に到達すれば、人は偉大になる。ところが女性的なマインドはどんな目的も追っていない。今ここで彼女は幸福だ。今ここで彼女は不幸だ。向かうべきところはどこにもない。

女性的なマインドはこの瞬間に存在する。だから女性的な好奇心は決して遠くまで及ばない。その関心事はいつも隣の家についてだ。ベトナムで何が起こっているかには関心がない。彼女の関心は、ほかの家で何が起こっているかだ。つまり、すぐそばのことだ。彼女には男たちが馬鹿げて見える、「なぜニクソンがどうしてるだの、毛沢東がどうしてるだの、気にするわけ」。女の関心は、もっぱら近所で進行中の情事にある。気になるのは近くのことだ。遠くのものはどうでもいい。時間は存在しない。

時間が存在するのは、到達すべき目的地がある人だけだ。もう一度言おう、時間が存在するのは、到達すべき目的地がある人だけだ。もし到達すべきところがなかったら、時間に何の意味があるだろう。もはや急ぐ必要はなくなる。

この状況を別の角度から見てみよう。東洋は女性的で、西洋は男性的だ。東洋は今に至るまで、あまり時間を気にすることがなかった。西洋は時間の中で狂奔している。東洋はまったく悠々としている――ほとんど動いていないくらいに、ゆっくりと進み、何の変化も、何の革命もない。その進化はとても静かなもので、どこにも騒音を生み出さない。西洋はまさに狂気のようだ。毎日革命が必要とされ、すべてが革命にならないといけない。すべてが刻々と変化しないかぎり、自分はどこにも向かっていないように思える……停止してしまったかのように思える。すべてが刻々と変化し、すべてが大変動の状態にあって初めて、何かが起こっていると感じられる。

東洋では、大変動が起こるということは、自分たちが病気だという意味だ。何かが間違っている……だからこそ変化が起こるのだ。もしすべてがうまくいっていれば、何の革命も、何の変化も必要ない。

東洋的なマインドは女性的だ。だからこそ東洋では、女性的資質すべてが讃えられてきたのだ……慈悲、愛、共感、非暴力、受容、満足といった女性的資質すべてが。西洋では男性的資質が讃えられてきた……意志、意志力、エゴ、自尊心、独立、反逆、こうしたものが価値あるものとされてきた。東洋の場合は、従順とか、明け渡しとか、受容だ。基本的な姿勢が、東洋では女性的であり、西洋では男性的だ。

こうした技法は妥協的に使うものではない。決して折衷するようなものではない。明け渡しの技法は女性的なマインドのためにある。そして努力と意志の技法は男性的なマインドのためにある。その両者は正反対だ。両者を折衷したら混乱が起こる――それは無意味で、不条理で、危険ですらある。誰の役にも立ちはしない。

だから覚えておくこと。こうした技法はしばしば互いに矛盾して見える。なぜなら、対象とするマインドのタイプが違うからだ。そして、技法は折衷するようなものではない。だからたとえ矛盾点が感じられたとしても、心配する必要はない。確かに矛盾している。しかし矛盾を恐れるのは、小さなマインドだけだ。小さなマインドだけ、矮小なマインドだけが、矛盾を心配し、不安を抱く――「矛盾があってはいけない、すべては首尾一貫しているものだ」と考える。しかし、それはたわごとだ。生とは首尾一貫していないものだ。

生はそれ自身矛盾している。だから真理は決して非-矛盾ではない。虚偽だけが非-矛盾だ。虚偽だけが一貫したものになる。真理は一貫性を欠くものだ。なぜなら真理は、生の中にあるもののすべてを包含するからだ。あらゆるものがその中にある。そして生は矛盾を含んでいる。この世には男と女がいる。だとしたら、私に何ができるだろう。シヴァに何ができるだろう。男と女とはまったく正反対だ。だからこそ互いに魅《ひ》き合うのだ。さもなければ魅力は存在しない。実際、反対のタイプこそが、差異こそが魅力を生み出す。対極性こそが磁力となる。だからこそ男と女が出会うと、そこに幸福が生じるのだ。対極にあるものが出会うと、両者は互いに打ち消し合う。両者が打ち消し合うのも、互いに反対だからだ。両者は打ち消し合い、そしてひとときの間……。男と女が真に出会うとき――たんに肉体のみならず、全面的に、愛の中で両者が出会うとき、ひとときの間、二人は消え失せる。もはやそこには男も女も存在しない。存在するのは純粋な〈存在〉だけだ。これこそがその至福だ。

同じことがまたあなたの内側でも起こる。深層分析によれば、あなたの中にもまた対極性が存在している。現代の深層精神分析によれば、人間の内側でも、意識的なマインドと無意識的なマインドは対極をなしているという。あなたが男であれば、その意識的なマインドは男性であり、無意識的なマインドは女性だ。また女であれば、意識的なマインドは女性であり、無意識的なマインドは男性だ。つまり無意識は意識の反対だ。深い瞑想の中では、意識と無意識の間に、深いオルガスムが、交わりが、愛が現れる。意識と無意識がひとつになる。その両者がひとつになるとき、この上ない至福が達成される。

だから男と女の出会い方には二通りある。ひとつは、男が外側の女と出会うことだ。そのときには、その出会いはたんに瞬間的なもの、まったく瞬間的なものだ。一瞬の間、頂点が現れ、あとはただ落ちていくばかりだ。一方、男と女のもうひとつの出会いは自分の内側に起こる。それは意識的なマインドと無意識的なマインドの出会いだ。これが起こったら、この出会いは永久的なものにもなる。性的な歓喜もまた、この精神的なものの一瞥だ。瞬間的な一瞥だ。内側に真の出会いが起こったら、それはサマーディとなる。精神的現象となる。

しかしまず、自分の意識的なマインドから始めることだ。もし自分の意識的なマインドが女性的なら、明け渡しが役に立つ。ただし、女であったとしても、必ずしも女性的なマインドを持っているとはかぎらない。これこそが問題だ。そうでなければすべてはまったく簡単だ。女だったら明け渡しの道に従えばいいし、男だったら意志の道に従えばいい。でも事はそれほど簡単ではない。女の中にも男性的なマインドを持っている人々がいる。つまり生に対して攻撃的な姿勢をとる女たちだ。その数は日に日に増している。

女性解放運動《ウーマンリブ》は男性的な女たちの数を増加させている。彼女たちはますます攻撃的になり、明け渡しの道は、もはや彼女らにふさわしくなくなっている。そして女たちが男に肩を並べるようになったことで、男の攻撃性は後退している。男たちはますます女性的になっている。男たちにとって明け渡しの道は、将来ますます有効なものとなるだろう。

だからまず自分について判断することだ。それは善し悪しの問題ではない。「自分は男なのに、どうして女性的なマインドを持つはずがあるだろう」などと考えないことだ。べつにおかしいことは何もない。それは素晴らしいことだ。また、「自分は女なのに、どうして男性的なマインドを持つはずがあるだろう」などと考えない。べつにおかしいことは何もない。それは素晴らしいことだ。自分のマインドをしっかり見極める。自分のマインドがどんなタイプか理解し、自分に向いた道に従う。折衷したりしない。

だから私に尋ねてはいけない——どうやってこの二つの間を調整するかなどと。私は調整などしない。調整は決して良いことではないし、矛盾のない表現というのもおかしい。それは愚かで子供じみている。生とは矛盾だ。だからこそ生は活気に満ちているのだ。首尾一貫し、無矛盾であるのは、死だけだ。生は対立を通じて生きる……対極との遭遇を通じて生きる。そしてこの対立や衝突によって、エネルギーが生まれる。対立はエネルギーを解き放ち、生はそれを通じて動く。これこそヘーゲル学派の言う弁証法(対話法)的運動だ——定立（ひとつの立場）、反定立（それに反する立場）、そしてその両者の綜合が再び定立となって、それ自身の反定立を生み出し、それが延々と続いていく。生とは単調なものではない。論理的なものではない。弁証法的なものだ。

論理と弁証法の違いを理解するように。この質問の根底には、「生とは論理的なものだ」という考えがある。だからどうしたら調整できるかと尋ねる。論理はつねに調整する。論理は矛盾を許容できない。論理はいつもこう語る、「これは矛盾していない、もし矛盾していたら、どちらかが間違っている……両方とも間違っている可能性もあるが、両方ともに正しいということはない」

――。論理はあらゆるところに無矛盾を見つけ出そうとする。

科学は論理的だ。だからこそ科学は生に対し完全に真実にはなれない。決して真実にはなれない。生は矛盾的、非論理的だ。対立を通じて作用する。生は対立を恐れず、対立を利用する。その対立性はたんに外見上のものであり、奥深くでは互いに協調している。それは弁証法的《ダイアレクティック》だ。論理的ではない。つまり対立物同士の対話《ダイアローグ》だ――絶えざる対話だ。

少し考えてみればわかる。もし何の矛盾もなかったら、生は死んだものとなる。いったいどこから反発がやってくるのか。いったいどこから引力がやってくるのか。いったいどこからエネルギーが発生するのか。矛盾がなかったら、生は単調なものとなり、死んだものとなる。生が可能となるのは、ひとえに弁証法ゆえであり、対立ゆえだ。男と女とは基本的な対立だ。そしてその緊張関係から愛という現象が起こる。そして生の全体は愛をめぐって動く。もしあなたと恋人が一分のすきもないほど全面的にひとつになったら、二人は「死ぬ」。もはや存在することができなくなる。二人はこの弁証法的な世界から消え失せる。

あなたがこの生の中に存在できるのは、一如《ひとつであること》が全面的でないときだけだ。そこで二人は離れては近づくということを何度も繰り返す。だからこそ恋人同士は闘うのだ。この闘いが弁証法を生む。二人は一日中闘う。二人は互いに遠ざかり、仇同士になる。そうして二人は互いに真の対極になる。二人は可能なかぎり遠ざかる。男の方はどうやってこの女を殺すか考え、女の方はどうやってこの男を追い出すか考える。二人は互いに最果《さいは》ての地まで遠ざかる。ところが夜になると二人は愛を交わしている。

二人が離れているとき、遥か彼方にいるとき、再び引きつける力が現れる。遥か彼方から見ると、再び引きつけられるものを感じる。彼方にいると、二人は単純に男と女になる。恋人ではない。互いに見知らぬ男と女になる。そして再び恋に落ちる。二人は近づき、やがて時が至ると、しばらくの間二人はひとつになる。そしてそれが二人の幸福、二人の歓びとなる。

ところが二人がひとつになるやいなや、分離する動きが再び始まる。妻と夫がひとつになるまさにその瞬間、もし二人がその観照者となることができれば、すでに自分たちが分離を始めたことがわかるだろう。頂点が現れるまさにその瞬間、別々になる働き、分離する働き、対立する働きが始まる。そしてこれは延々と続く――何度も何度も近づいては離れる。

このようにして、生は対極性を通じてエネルギーを生み出す。対極性がなければ生は存在できない。もし恋人同士が真にひとつになったら、二人は生から消え失せる。二人は真の意味で解放される。もはや再び生まれることはなくなる。もはや来生はなくなる。もし恋人同士が全面的にひとつになったら、その愛はおよそこの世でもっとも深い瞑想となる。二人が達成したものは、ブッダが菩提樹の下で達成したものと同じだ。二人が達成したものは、イエスが十字架上で達成したものと同じだ。二人はすでに非二元性に到達している。もはや二人は存在できない。

私たちの知っている〈存在〉は、二元的なもの、弁証法的なものだ。こうした技法は、二元性の中に存在するあなたのためにある。だからそこには、いろんな矛盾が存在するだろう。なぜなら、こうした技法は哲学的なものではないからだ。こうした技法は、実行し、生きるためにある。こうした技法は数式ではなく、現実の生を反映している、だから弁証法的であり、矛盾をはらんでいる。だから「どうやって調整するか」と私に尋ねてはいけない。これらの技法は同じものではなく、対立的なものだ。

要は自分のタイプを見い出すことだ。はたしてあなたはリラックスできるか。ゆだねることができるか。何もせず受動的であることができるか。もしそうだったら、意志を必要とする技法は向いていない。もしリラックスできなかったら……もし私が「リラックスしなさい」と言い、それに対して「どうやってリラックスするのか」とすぐに聞き返すようだったら、その「どうやって」があなたのマインドを示している。「どうやって」と言うことは、努力しないかぎりリラックスできないということだ。リラックスについてさえ、努力が必要だ。だからあなたは「どうやって」と尋ねる。リラックスはリラックスだ。「どうやって」はない。リラックスできる人間は、リラックスの仕方を知っている。彼はただリラックスする。努力とか方法はない。

それはちょうど、夜、眠りに入るようなものだ。あなたは決してどうやって眠りに入るか尋ねたりしない。でも不眠症に悩む人間もいる。そんな人間に対し、「私の場合、ただ頭を枕をのせるだけ、それで大丈夫、ちゃんと眠れる」と言ったところで、彼には信じられない。それも当然だ。彼には信じられない、だまされていると思う。なぜなら彼もまた頭を枕にのせるからだ。彼もまた一晩中頭を枕にのせている。それなのに、何も起こらない。

そこで彼は尋ねるだろう――「どうやって頭を枕にのせるのか。何か秘密があるのではないか。自分はだまされている。世界中が自分をだましている」。誰もが言う、「ただ眠るだけだ。べつに『どうやって』はない。べつに技術はない」。彼には信じられない。無理もないことだ。

人々は言う、「ただ頭を枕に置き、目を閉じ、灯りを消すだけだ。そうしたらもう眠っている」。彼もまた同じ手順でやる。同じ儀式を行なう。しかもあなたが今までやったことがないほど、正確にだ。でも何も起こらない。灯りを消し、目を閉じ、寝床に横になる。でも何も起こらない。ひとたびリラックスする能力を失ったら、そのときには技法が必要となる。だから彼には技法が必要だ。技法なしには眠りに入れない。

だから、リラックスできるマインドを持っている人間には、明け渡しが向いている。そんな人間の場合は、わざわざ何かしたりせずに、ただ明け渡せばいい。少なくとも、みんなのうち半分はそれができるはずだ。自分では気づいていないかもしれないが、五十パーセントの人間はそれが可能だ。なぜなら男性的なマインドと女性的なマインドは均衡しているからだ。その比率はつねに半々、ほとんど半々だ。どの領域でもだ。なぜなら、一人の男が存在できるのは、その対極に一人の女が存在しているからこそだ。〈生〉の中には深い均衡が存在している。

みんなは知っているだろうか。百人の女児に対して百十五人の男児が生まれる。なぜなら男児の方が女児より弱いからだ。性的に成熟する年齢までに、十五人の男児が死ぬ。百人の女児に対して百十五人の男児が生まれる。女児の方が強い――スタミナもあるし抵抗力も強い。だから、百人の女児に対して百十五人の男児が生まれ、十五人の男児が死ぬ。性的に成熟するまでに、十四歳になるまでに、その数は同じになる。一人の男には一人の女が存在し、一人の女には一人の男が存在する。そしてそこには内的な緊張関係がある。男も女もそれなしでは存在できない。その対極性は必須のものだ。

内側のマインドについても事情は同様だ。〈存在〉は、自然は、バランスを必要とする。だからみんなのうち半分は女性的であり、まったく簡単に深く明け渡すことができる。ところがあなたは自問する。自分では明け渡せると感じながらも、「どうして明け渡すことができるだろう」と考える。自分のエゴが傷つくのではないかと思う。明け渡すことに恐れを感じる。なぜならあなたはこう教えられてきたからだ、「独立しなさい。独立を保ち、自己を失ってはいけない。他者にコントロールされてはいけない。つねに自分を保つのだ」

そんなふうに教えられてきた。こうした障害は教え込まれたものだ。だからあなたは自分では明け渡せると感じているが、一方で、社会や文化や教育に由来する障害が現れる。もしあなたが本当に、「明け渡しは自分向きでない」と感じたら、もう明け渡しは忘れることだ。それについて気に病む必要はない。そのときには自分のエネルギーすべてを努力に注ぎ込むことだ。

だからこれが二つの極だ。ひとつは女性的なマインドだ。真に女性的なマインドの人間には、行くところがない。目的地《ゴール》も、到達すべき神も、きたるべき天国もない。だから今、急ぐ必要は何もない。この瞬間にとどまればいい。男性的なマインドが急《せ》いたり努力したりして達成するものすべてを、女性的なマインドは、何の努力もなしに、今ここで達成する。もしリラックスできれば、今、あなたは目的地にいる。

男性的なマインドに必要なのは、ひたすら、ぐるぐる走り回ることだ。疲れ果てるまで――。そして彼は倒れ込む。そして初めてリラックスできる。攻撃や努力というものは、男性的なマインドを疲労困憊《こんぱい》させるための必須物だ。その疲労困憊が起こったとき、リラックスや明け渡しが可能となる。その明け渡しは終わりになってやっと現れる。でも女性的なマインドにとって、それはいつも始めだ。つまり、その出来事は同じでも、その到達の仕方が違っている。

昨日「時間を無駄にするな」と言ったのは、男性的なマインドに対してだ。「さあ急ぐのだ。自分のエネルギーや存在を一点に収束させなさい。これは緊急を要する。そうした集中的努力によって初めて、あなたの生は炎となる」——それは男性的なマインドに対しての言葉だ。女性的なマインドに対しては、「リラックスしなさい、そうすればあなたはもう炎だ」……。

だからこそ人類史上には、マハヴィーラや、ブッダや、イエス、クリシュナ、ラーマ、ザラツストラ、モーゼといった名前がありながら、女たちの名前がないのだ。女たちがそうした境地に達しなかったというわけではない。達しはした。しかしその仕方が違っていた。歴史というものは、みな男によって書かれている。男に理解できるのは男性的なマインドだけだ。女性的なマインドは理解できない。そこが問題だ。その理解はたいへん難しい。

男には理解できない——ブッダがさんざん苦労のすえ達成するようなものを、ただの主婦である女が達成するなんて……。男には想像もできない——一人の女が、ただ主婦でありながら達成するなんて……。瞬間から瞬間へと生き、瞬間から瞬間を楽しみ、今ここにとどまり、ゴールとか精神性といったことは何も気にせず、ただ子供を愛し、夫を愛し、普通の女でありながら、至福に満ちていようとは……。

マハヴィーラのやったようなたいそうな努力はいらない——十二年間にわたる長いたいそうな

努力は……。ところが男はマハヴィーラを讃える。男の讃えるものは努力だ。

努力なしに到達できるようなゴールは、男にとって価値がない。男の讃えるものは、たとえば、テンジンやヒラリーのエヴェレスト登頂といったようなことだ。べつにエヴェレストに価値があるわけではない。それに伴う大変な努力と危険に価値があるのだ。たとえあなたが「僕もエヴェレストにいるよ」と言っても、男はただ笑うだけだ。エヴェレストに意味があるのではなく、そこに登頂するための努力に意味がある。エヴェレスト登頂が簡単になったら、男性的なマインドにとっては、まったく魅力のないものになってしまう。ヒラリーとテンジンはエヴェレストに登頂したが、特別そこに到達すべきものがあったわけではない。ところが男性的なマインドにとっては、そこに大きな栄光がある。

ヒラリーが登頂したとき私は大学にいた。教授たちはそれで大騒ぎしていた。そこで私は女性の教授に聞いてみた、「ヒラリーとテンジンがエヴェレストへ登ったけど、あなたはどう思う」

彼女いわく、「何でみんな大騒ぎしているのかしら。そんなところまで行って何の得になるんだろう。同じ行くなら、マーケットとか店に行けばいいのに」

女性的なマインドにとって、それは無意味だ。「月へ行くって？　なぜそんな危険を冒してまで行く必要があるんだろう」。でも男性的なマインドにとって、問題なのはゴールではなく、努力の方だ。それによって「自分は男だ」と証明できる。まさにその努力、その攻撃性、その死の危険が、男をかきたてる。

男性的なマインドは「危険」に引きつけられる。でも女性的なマインドはまったく危険に引きつけられない。そのせいで、人類の歴史というものは半分しか記録されていない。残りの半分はまったく記録されていない。いったいどれほどの女たちがブッダになったのか、誰も知らない。それを知るのは不可能だ。なぜなら、私たちの基準は女性的なマインドには適用できないからだ。

だからまず最初に自分自身のマインドを見極める。まず自分自身のマインドについて瞑想し、自分のマインドがどのタイプか見極める。そして自分に属していない技法はすべて忘れ去る。中途半端な姿勢は取らない。

◎…………第二の質問

お話によると、大事なのは、もっともっと多くの〈存在〉を自分の中に包含し、あらゆる〈存在〉の根源からエネルギーを汲み上げ、自分の敵に対してさえも包含的になることだ、ということです。でも、憎しみの感情でいっぱいになりながら、どうやって自分の敵に対して包含的になれるでしょう。それは抑圧とならないでしょうか。

確かに敵に対しても包含的になれとは言ったが、敵から始めろとは言っていない。まず友から始めるのだ。現状においては、あなたは友に対してさえ包含的でない。まず友から始める。それでさえ難しい。まず友を自分の存在の中に包含する。友を自分の中、深くまで入れる。友に対し開放的になり、無防御になる。それでさえ難しい。まず友から始める。恋人から始める。一足飛びに敵に向かわない。

どうしてあなたは敵に向かうのか。敵に向かえば、「やっぱりだめだ、こんなことはできない」と言って、捨て去ることができる。それが理由だ。だからまず第一歩から始めてみる。最後から始めたら、旅にならない。あなたはいつも最終段階から始める。第一段階を踏んでいなければ、最終段階はたんなる想像だ。それで不可能だと思ってしまう。もちろん不可能だ。どうして最後から始められるだろう。敵とは包含すべき最終地点だ。

友が包含できたら、それも可能となる。なぜなら敵となるのは友だけだからだ。友になって初めて、敵にもなれる。違うだろうか。もし誰かを敵にしたかったら、まず友情が必要だ。友情こそが第一歩だ。

ブッダはこう言ったそうだ、「友を作ってはいけない。それは敵を作る第一歩となる」。ブッダいわく、「友好的であれ。でも友は作るな。もし友を作ったら、それが第一歩となる。遠からず敵が現れる」

まず友を包含する。近いところから始める。最初から始める。そうして初めて可能となる——きっと何の困難も感じないだろう。でも実際、友を包含しよう、包含的になろう、とすると、これは難しい。なぜならそれは友や敵の問題ではないからだ。それは自分の開放性の問題だ。友に対してさえあなたは閉じている。友に対してさえ自分を守っている。友に対してさえ、自分の存在を全面的に開いていない。それでどうして友が包含できるだろう。

人を包含できるのは、恐怖のないときだけだ——何の防御もなく、相手を内側に入れられるときだ。恋人と一緒にいるときでさえ、あなたは閉じている、心を開いてはいない、まだ秘密にしているものが幾つかある。秘密があったら、開放的になれないし、包含的になれない。包含的になったら秘密は現れ、公《おおやけ》になってしまう。友でさえ包含するのは難しい。だから敵を包含するのは、難しいばかりではなく、現状においては不可能だ。

イエスの教えが不可能な理由はそこにある。そしてキリスト教徒は偽物となる。そうなるのも仕方ない。イエスは「汝の敵を愛せよ」と言うのに、あなたは友でさえも愛せない。だからイエスの指さすゴールは、不可能なものだ。それであなたはどうしても偽善者になり、偽物になる。本物ではない。口では敵を愛することを語りながら、実際には友を憎んでいる。私の言っていることはそんなことではない。

まず第一の点は、今すぐ敵のことは考えるなということだ。それはマインドのトリックだ。まず友のことを考える。第二に、大事なのは誰かを包含することではなく、包含的になることだ。それは意識の質だ。包含性というその質を作り出すことだ。

では、どうやってその質を作り出すか。技法はそのためにある。たとえば、あなたが木のそばに座っている。その木を見てごらん。それはあなたの外側にある。でもその木が外側にあるだけだったら、それを知ることはあり得ない。何かがすでに、そこからあなたへと伝わってきている。だからこそ木がそこにあるとわかる。その木は緑だ。でもその緑はあなたの中に存在しているのであって、木に存在するのではない。目を閉じてごらん。その木はもはや緑ではない。

今、科学は次のように言う——色は人間に由来する。自然の中のすべては無色だ。色というものは存在しない。色が出現するのは、光が対象物を発して目と出会うときだ。そうして色は生み出される……。だから色とは目に由来するものだ。木とあなたとの出会いの中で、「緑」が起こる。

あるいは、花が咲き、その香りがやってくる。あなたはその香りを嗅ぐ。その香りもあなたに由来するものだ。それは自然に存在するものではない。やってくるのはただの波動だ。それをあなたが匂いとして翻訳する。それを嗅ぐのはあなたの鼻だ。もしあなたがいなかったら、そこに匂いはない。


バークリーやナーガールジュナ、シャンカラといった哲学者たちはこう語る、「世界というものは非現実だ、それはあなたの心の中に存在する。世界について我々の知っているものはすべて、本当のところ、我々に由来するものだ」。それゆえにドイツの哲学者イマヌエル・カントは言う、「物自体は知ることができない。我々の知る物はすべて、その物ではなく、我々の投影だ」

たとえば私の目に、あなたの顔が美しく見えるとする。でもあなたの顔は美しくも醜くもない。それは私の姿勢だ。あなたを美しくしたり醜くしたりするのは私だ。それは私次第であり、私の感じ方だ。もしあなたがこの世界にたった一人で生きていて、醜いとか美しいなどと言う者がいなかったら、あなたはそのどちらでもない。違うだろうか。もしこの地上にあなたがたった一人だったら、はたしてあなたは美しかったり醜かったりするだろうか。利口だったり馬鹿だったりするだろうか。あなたは何物でもない。実際のところ、たった一人だったら、あなたはこの地上に存在できない。それは不可能だ。

木の近くに座っているときに、瞑想してごらん。目を開けて木を見、それから目を閉じて内側にその木を見る。再び目を開けて木に瞑想し、また目を閉じて木を内側に見る。それを実践すれば、最初のうち、内側の木は外側の木の淡い影だろうが、続けてやっているうちに、少しずつ内側の木は、外側の木と同じ現実性と存在を持つようになる。

さらにがんばって続ければ――それは難しいが――やがて外側の木は内側の木の影になる。内側の木の方が、もっと美しく、もっと生き生きとしてくる。なぜなら内的意識がそれに対して固まってくるからだ。内側の木は内的意識に根を張る。そして意識を栄養とする。それはまさに稀有なものだ。

だから、イエスのような人間が神の王国について語るとき、その言語があまりに色鮮やかなものだから、人は往々にして彼のことを、気違いだと思ったり、幻を見ているのだと思う。でもそれは違う。イエスのような人間は、〈存在〉を包含する術《すべ》を知っている。その内的意識が、物に生命を与えるのだ。内側に植え付けられたものは何でも生命を得る。それはもっと色鮮やかで、芳香に満ち、生気に満ちている――まるでこの世界のものではないかのようだ……この世ではなくあの世のものであるかのようだ。神秘家はそのことをよく知っている。詩人もまた少しばかり知っている。詩人はそれを垣間見る。ときおり、世界が自分の中に包含されていると感じる。

だから包含的になることだ。包含的という意味は、木を内側に入れて根付かせることであり、花を内側に入れて花開かせることだ。あなたには信じられないだろう。それは体験するよりほかにない。つぼみに、バラのつぼみに集中する。集中し続ければ、だんだんそれが内側へと移ってくる。

そして、内側のつぼみが外側のつぼみと同じくらい現実的になったら、本物のつぼみ、いわゆる本物のつぼみは、ただの影のように見えてくる。そして今、本当のものは内側にある、本質は内側にある。そして外側のつぼみは淡い複製になる。この地点に達したら、目を閉じ、内側のつぼみに集中する。するとびっくりするだろう。なぜなら内側のつぼみが開き始めるからだ。つぼみは花となる。それも今まで知らなかったような花だ。外ではお目にかかれないような花だ。何かが自分の中で成長し、花開く。それは稀有な現象だ。

このようにして包含的になる。そして少しずつ自分の境界を拡げていく。恋人を、友を、家族を、他人を包含する。そうすれば少しずつ、敵も包含できるようになる。それが最終点だ。もし敵を包含し、それによって敵が自分の中に入り、そこに根づき、自分の意識の一部となるようになったら、もはやあなたに敵対するものは何もない。そのとき全世界はあなたの家になる。もはや見知らぬもの、異質なものは存在しない。あなたはその中で安らぐ。

でも狡猾なマインドには気をつける。マインドはいつも、あなたにできないようなことをさせようとする。そしてそれができないと、マインドは言う、「こんなものは馬鹿げている。捨ててしまえ」。

マインドというものは達成できないような目標を掲げる。だからくれぐれも、自分のマインドの犠牲にならないことだ。つねに可能なところから始める。不可能なものに飛躍しない。可能なものの中で成長できたら、不可能なものは他方の端にある。べつに反対物であるわけではない、他方の端だ。それは一線上にある。同じものの向こう側だ。

さて質問はさらに続く、

憎しみの感情でいっぱいになりながら、どうやって自分の敵に対して、包含的になれるでしょう。それは抑圧とならないでしょうか。

これは微妙な点だから、よく理解することだ。誰かを憎んでいるとき、「抑圧せよ」と私は言わない。なぜなら抑圧されたものは何であれ危険だからだ。また、もし何かを抑圧したら、もはや開放的《オープン》にはなれない。そこに形づくられるのは秘密の世界であり、そのせいで他人を包含できなくなる。自分の抑圧しているものをつねに恐れるようになる。いつ外に現れるかわからない。だからまず第一に、怒りとか、憎しみとかを抑圧しないことだ。だからといって相手に向かってそれを表現する必要もない。

相手に向かって表現するのは、相手に責任があると思っているからだ。それは間違っている。相手に責任はない。責任は自分にある。憎しみを感じるのも、自分が憎しみに満ちているからだ。相手はただその機会を与えるだけだ。たとえば、もしあなたが私のところへやって来て悪態をついたら、それがひとつの機会になる——何であれ自分の中にあるものを外に現す機会に……。憎しみが存在していたら、憎しみが現れる。愛が存在していたら、愛が現れる。慈悲が存在していたら、慈悲が現れる。あなたはただ、私が現れるための機会だ。

憎しみが現れても、それを相手のせいだと考えてはいけない。相手はただの触媒だ。サンスクリット語には、「触媒」を表す「ニミット」という美しい言葉がある。相手は原因ではない。原因はつねに内側にある。相手はただその原因を引き出す触媒であるだけだ。だから相手に感謝する。原因自分の隠れた憎しみに気づかせてくれたことに感謝する。彼は友だ。ところがその友が敵に変じてしまう。それは責任をすべて相手に押しつけるからだ。相手が憎しみを作り出したのだと思ってしまう。決して誰もあなたの中に何かを作り出したりしない。このことを永久に覚えておくように。

もしブッダのもとへ行って悪態をついても、彼はあなたを憎みはしない。あなたに怒ったりしない。あなたが何をやっても、彼を怒らすことはできない。べつに努力が足りないわけではない。怒りがそこにないだけだ。だから憎しみは引き出せない。相手は憎しみの源泉ではない。だからそれを相手に投げてはいけない。ただ相手に感謝し、自分の内側の憎しみを、空に向かって投げ捨てる。これが第一点。

第二点は、憎しみに対しても包含的になることだ。これこそより深い領域、より深い次元だ。憎しみに対しても包含的になる。

さてこれはいったいどういう意味か。何か悪いものが存在するとき……いわゆる「悪いこと」が起こるとき、あなたは決してそれを自分の中に包含しない。ところが、善いことが起こると、あなたはそれを包含する。自分が愛に満ちているときには、「私は愛だ」と言いながら、憎んでいるときには、決して「私は憎しみだ」とは言わない。自分に慈悲があるときには、「私は慈悲だ」と言いながら、怒っているときには、決して「私は怒りだ」とは言わず、つねに「私は怒っている」と言う。まるで怒りが自分に起こるかのようだ……まるで自分は怒りではなく、怒りが外からやってくる偶然のできごとであるかのようだ。ところが「私は愛だ」と言うときには、まるでそれが本質的なものであるかのようだ……外からやってくる偶然のできごとではなく、内側からやってくるものであるかのようだ。善いものはすべて包含し、悪いものはまったく包含しない。

悪いものもまた包含することだ。あなたは憎しみであり、あなたは怒りだ。そしてこのことを深く感じないかぎり……「私は憎しみだ」と深く感じないかぎり、それを超えることは決してない。

「私は怒りだ」と感じたら、変容の微妙な作用が直ちに始まる。あなたが「私は怒りだ」と言うとき、いったい何が起こるか。いろんなことが起こる。第一点。もしあなたが「私は怒りだ」と言うかわりに「私は怒っている」と言ったら、あなたと、怒りと呼ばれるエネルギーとは、別々になってしまう。それは真実ではない。不真実な基盤からは、真実のものは何も生まれない。それは真実ではない――この怒りはあなただ。それはあなたのエネルギーであって、あなたと別々ではない。

あなたがそれを別物にするのも、自分自身に対する偽りのイメージをこしらえるためだ。いわく、「自分は決して怒らない、自分は決して憎しみに満ちていない、自分はつねに愛情深い、自分はつねに親切で優しい」。このように自分自身の偽りのイメージをこしらえる。この偽りのイメージは、あなたのエゴだ。このエゴはいつも言う、「怒りを断て、憎しみを断て、そのようなものはよくない」。べつに、本当によくないと知っているわけではない。それがよくないのは、自分のイメージを育ててくれないからであり、自分のエゴやイメージの養分にならないからだ。

たとえばあなたは善良で、人望があって、優しくて、教養がある――そんなイメージを持っている。でもときどきあなたはそのイメージから転落する。それは事故だ。そして再びそのイメージを回復する。

でもそれは事故ではない。実際、そのときの方が本当に近い。怒っているときの方が、偽りの微笑みを浮かべているときよりも、真の自己は表に現れる。自分の憎しみを現すときの方が、愛を装っているときよりも、あなたはもっと真正だ。


まず肝心なのは、真正であることだ。憎しみを包含し、怒りを包含し、自分の中にあるものをすべて包含する。すると何が起こるか。すべてを包含すれば、自分の偽りのイメージは永久に落ちる。それはじつにすばらしいことだ。偽りのイメージから解放されるのはすばらしい。そのイメージは物事を面倒にするだけだ。そのイメージが落ちればエゴも落ちる。それは精神性の扉だ。

「私は怒りだ」と言うとき、どうしてエゴが保てるだろう。「私は憎しみだ、私は嫉妬だ、私は暴力だ」と言うとき、どうしてエゴが保てるだろう。「私はブラフマだ、私は至高の神だ」と言えば、エゴを保つのもたやすい。「私はアートマンだ、私は至高の自己《セルフ》だ」と言えば、エゴを保つのもたやすい。ところが、「私は嫉妬だ、憎しみだ、怒りだ、激情だ、セックスだ」と言えば、もはやエゴは保てない。偽りのイメージとともにエゴは落ちる。そしてあなたは真実になり、自然になる。そうすれば自分の真実を知ることも可能になる。そうすれば、何のやましさもなく自分の怒りに近づくことができる。その怒りは自分だ。大事なのは「怒りは自分のエネルギーだ」と理解することだ。

自分の怒りについて理解できるようになれば、そのまさに理解が怒りを変容する。怒りや憎しみといった現象のすべてが理解できたら、その理解という働きの中で、怒りや憎しみは消え去る。怒ったり憎んだりすることの基本となる要素は、それについての無知であり、それについての無意識であり、覚醒の欠如だ。だから覚醒のないときには、いつ怒ってもおかしくない。しかし覚醒のあるときには怒れない。その覚醒によって、怒りとなるエネルギーはすべて吸収される。

ブッダは僧たちに繰り返し繰り返し語っている、「私は『怒るな』とは言わない。ただ、怒っているとき、覚醒を保て」。

これこそまさに突然変異の基本となるものだ。「私は『怒るな』とは言わない。ただ、怒っているとき、覚醒を保て」。

試してごらん。怒りが現れたとき、覚醒を保つ。それを見、それを観察する。それに対して意識的になる。眠りこまない。覚醒が増せば増すほど、怒りは減っていく。覚醒が完璧になったとき、怒りはもはや存在しない。そのエネルギーが覚醒に変わる。

エネルギーは中性だ。同じエネルギーが、怒りにもなれば、憎しみにも、愛にも、慈悲にもなる。エネルギーはひとつだ。現れかたが異なるだけだ。エネルギーは状況に応じて一定の気分となる。覚醒が欠如していたら、エネルギーは、怒りとか、セックスとか、暴力になる。覚醒が存在していたらそうはならない。覚醒が、気づきが、意識が、エネルギーの行く手をはばみ、そういう溝にははまらないようにする。そしてエネルギーは別の水準に向かう。

ブッダいわく、「歩いたり、食べたり、座ったり、何をするときでも、『自分はそれをしている』という完璧な意識を持ちなさい」

一度、ブッダにこんなことがあった。ブッダが歩いているとき、蝿が一匹飛んできてその額に止まった。ブッダは僧たちと語っていた。それで、蝿にあまり注意を払うことなく、手で蝿を追い払った。それからブッダは気がついた――自分が完璧な意識を持って行動しなかったと。ブッダの注意は、話し相手の僧たちに向けられていた。そこでブッダは僧たちに言った、「ほんの少々待っておくれ」。そして目を閉じ、再びその手を挙げた。僧たちはその仕草に驚いた。もうどこにも蝿などいなかったからだ。ブッダは再び手を挙げ、蝿の止まっていたあたりで手を払った。もはや蝿などいないにも関わらずだ。ブッダは手を下ろし、それから目を開けて言った、「さあ質問を続けなさい」

でも僧たちは言った、「もう質問なんか忘れてしまいました。それよりも今したことについてです。もう蝿はいなかったのに、いったい何をしたのですか」

ブッダは言った、「するべきだったことをしたまでだ。つまり完璧に意識して手を挙げることだ。さきほどやったことは、無意識的、自動的、ロボット的だった。あれはいいことではない」

そのような覚醒は決して怒りとはならない。そのような覚醒は決して憎しみとはならない。だからまず最初に、憎しみや、怒りや、悪いと思われていることすべてを包含することだ。それを自分自身の中に包含し、自分のイメージの中に包含する。そうすればエゴは下に落ちる。あなたは空から地面へと落ちる。あなたは真実になる。

それを他人に投げつけず、手元に置いて、空へと表現する。完璧な覚醒を保ちながらだ。もし怒ることがあったら、部屋に入って一人になり、怒りたいだけ怒り、それを表現する。そして覚醒を保つ。何でも存分にやる——その触媒となった相手に対して自分がやったと思われることを……。相手の写真を持ってきてもいいし、あるいは枕を置いて「お前は僕の父親だ」と言って、思い切りひっぱたく。でも完璧に覚醒を保つ。自分のしていることに完璧に覚醒しながら、それをする。

それによって深い認識が得られるだろう。怒りは表現され、自分は気づいている。そして笑えるようになる。「自分は何と馬鹿なことをしているのか」とわかるようになる。こんな馬鹿げたことを、実の父親に対してさえやりかねなかったのだ。今はただ枕に対してやっているだけだ。それをどこまでも思い切りやれば、その後で、父親に対し、たいへん優しい気持ちになるだろう。部屋から出て、父親の顔を見れば、その顔がたいへんいとおしく感じられるだろう。自分を許して欲しいとさえ思うようになるだろう。

これこそ私の言う「包含的になる」ということだ。抑圧ではない。抑圧はつねに危険であり有害だ。抑圧したら、内側にコンプレックスを生み出してしまう。そしてそれが内側にずっと潜んで、最後には人を発狂させる。抑圧は必ず狂気になる。だから表現するのだ。でも他人の上にではない。その必要はない。それは愚かであり、悪循環のもとになる。だから一人で瞑想的に表現してみる、そして表現しているとき覚醒を保つ。

第七章

まず自分自身をつくる

[経文]

—90—

両眼球に羽のように触れれば、
両眼の間の軽やかさがハートの中に開き、
そこから宇宙が広がる。

—91—

優しいデヴィよ、エーテル的存在の中に入れ——
それは汝の形態を大きく越えて上方に下方に広がっている。

かつて教会でこんなことがあった。じつに長くてつまらない説教の後、牧師が言った、「このあと、礼拝が終わったら、教会役員《ボード》はお集まりください」。そして礼拝が終わると、見知らぬ男が牧師のところへやって来た。初めて見る男だった。何か思い違いしているらしい。今まで一度も見たことのない男だった。キリスト教徒にすら見えなかった。イスラム教徒みたいな格好をしていた。そこで牧師は言った、「何かお間違いのようですね。教会役員《ボード》にお集まりくださいと言ったんです」

見知らぬ男は言った、「だから来たんじゃないか、オレ以上に退屈《ボード》した人間がいたらお目にかかりたいよ」

事情は誰も同じようなものだ。人々の顔を見てごらん。あるいは鏡で自分の顔を見てごらん。まったく退屈している。これほど退屈している人間はいそうもない。人生全体が長い退屈だ――つまらなくて、ひからびていて、無意味で。まるで重荷をひきずっているかのようだ。

どうしてそんなことになるのか。生はもともと退屈なものではない。生はもともと苦しみではない。生というのは、お祭りであり、お祝いであり、喜びの頂点だ……。しかしそれはただ、詩や、夢や、哲学の中だけ――ときどき、ブッダやクリシュナのような人間が現れ、生をどこまでも祭り祝う。しかしそれもたぶん、例外だ。実際それは信じ難いことであり、本当ではない。たんなる理想だ。きっと現実ではあるまい。私たちの願望の投影であり、神話であり、夢であり、希望であって、現実ではない。現実は私たちの顔の上にある。退屈で、悲惨で、苦悩が刻み込まれている。そして生とは、ともかくも担っていかねばならぬものだ。

なぜそうなるのか。こんなことは決して生の基本的現実であってはならない、ありえない。そもそも、これは人間にだけ起こる。木々にも、星々にも、動物にも、鳥たちにも、ほかのどこにも、こんなことは起こらない。人間のほかは、誰も退屈していない。たとえ苦痛が起こっても、それは刹那的なものであり、決して苦悩とはならない。決して強迫的な観念とはならない。いつまでも心につきまとうことはない。苦痛は刹那的なものであって、ひとつの事故だ。持ち越されることはない。

動物の場合、痛みは感じても、悩みはしない。痛みは事故のようなものだ。動物はそれを乗り越える。いつまでも背負ってはいない。傷となることがない。忘れられ、許される。それは過去のものとなり、決して未来の一部となることがない。

ところがもしその痛みが、止むことなく続き、傷となり、事故ではなく本質的なものとなり、「それなしで自分は存在できない」というふうになったら、それはひとつの問題となる。そういう問題は人間のマインドにしか起こらない。

木々は悩んでいない。苦悩のようなものは見当らない。べつに死が起こらないわけではない。

死は起こる。でもそれは問題ではない。痛みというものが存在しないわけではない。痛みは存在する。でも痛みが生の核心になるわけではない。痛みはただ表層部に起こり、そして消え去る。奥深くにある内側の核では、生は依然、喜び祝っている。

木はいつも喜び祝っている。いつか死は起こる。でもそれは一度起こるだけだ。いつも背負っているわけではない。人間を除いて、あらゆるものはお祭り気分だ。人間だけが退屈している。退屈とは人間的な現象だ。どこで間違ったのか。きっと何かが間違っている。

ある意味で、それは良い兆候だ。退屈は人間的だ、だから人間というものは、退屈によって定義できる。アリストテレスは人間を理性によって定義した。それは必ずしも絶対的に正しいとは言えない。百パーセント正しいとは言えない。たんなる程度の違いだ。動物たちもまた理性的だ。程度は下がるかもしれないが、まったく非理性的であるわけではない。人間に近い知能を持っている動物もいる。それなりに理性はある。人間ほどではないが、理性が完全に欠如しているわけでもない。その違いは程度的なものだ。だから人間は理性だけによっては定義されない。でも退屈によってなら定義できる。人間とは唯一、退屈する動物だ。

この退屈たるや、ときにはそれが嵩じて自殺につながることさえある。自殺するのは人間だけだ。ほかに自殺する動物はいない。これはまったく人間的な現象だ。退屈が嵩じた結果、希望でさえも無力になる。そこで自分の命を断ってしまう――もはやこうしたすべてを背負っていく意味がない。こういう退屈や苦痛を背負っているのは、明日に希望をつないでいるからだ。今日は良くなくとも、明日には何かが起こるだろう。その希望ゆえに、あなたはそれを背負い続ける。

こんな話がある。あるとき中国の皇帝が、宰相に死刑を言い渡した。処刑の当日、皇帝は宰相のところへ別れを告げにきた。この宰相は長年にわたって忠実に皇帝に仕えてきた。ところが、あるとき皇帝の逆鱗《げきりん》に触れ、死刑を言い渡されたのだ。

しかし最後の日でもあるので、皇帝は宰相に会いに来た。

ところが来てみると、宰相は泣いている。目から涙が溢れている。それは死のせいであるはずはなかった、なぜなら宰相は勇敢な男だったからだ。皇帝は尋ねた、「泣いているとは、いったいどうしたことか。今夕死ぬからか。そんなはずはあるまい。お前は勇者だ。お前の勇敢なことは、私もよく知っている。だからほかにわけがあるのだろう。さあ言ってごらん。私にできることなら、何でもしてやろう」

宰相は言った、「もはや何もできませんし、申し上げたところでどうにもなりません。しかしどうしてもとおっしゃるなら、私もまだお仕えの身、申し上げねばなりますまい」

皇帝は「申せ」と言い張る、そこで宰相は言った、「べつに死ぬからではありません。それはどうでもよろしい。人は死ぬもの。いずれ死はやってきます。私が泣いていますのも、今外に居ります陛下のお馬を見たからです」

皇帝は言った、「馬だと。それはどういうことだ」

宰相は言った、「私は生涯、ああいう馬を探し求めてきました。というのも、私は古代の秘密を知っているからです。それは馬に飛翔を教えることです。でも特定の種類の馬でなくてはなりません。あの馬こそがその種の馬です。でも今日は私の最後の日です。私の死のことはどうでもよろしい。でも古代の秘術がひとつ、私とともに失われてしまう——それで私は泣いているのです」

皇帝は目を輝かせた。馬が空を飛ぶ……それはただごとではない。そこで言った、「いったい何日でできる」

宰相は言った、「少なくとも一年かかります。そうすればこの馬は飛べるようになります」

皇帝は言った、「よし、それでは一年間だけ自由を与えよう。でも覚えておくのだぞ、もし一年たって馬が飛ばなかったら、お前はまた処刑だ。しかし、もし馬が飛んだら、お前は放免だ。それればかりではない、お前には国の半分をやろう。空飛ぶ馬を持った天子というのは史上初めてだからな。さあ牢から出てこい。もう泣かずともよい」

宰相は、馬の背にまたがって、大喜びで笑いながら家に帰ってきた。でもその妻はまだ泣いていた、「もう聞いています、知らせはあなたより先に届きました。一年だけですって。何の術も知らないくせに。馬が飛ぶわけはありません。そんなのただのまやかしです。一年などと言う代わりに、十年とおっしゃればよかったのに」

宰相は言った、「それではべらぼうだ。今のままでもべらぼうなのに。馬が空飛ぶなんてべらぼうだ。それで十年などと言おうものなら、たちまちばれてしまう。だが泣くにはおよばない」

しかし妻は言った、「でも一年いっしょに暮らして、そのあとで処刑されてしまうなんて、前よりもっとつらいことです。この一年はさぞや苦しいことでしょう」

宰相は言った、「それではお前の知らない古代の秘密をひとつ教えてやろう――この一年の間に、陛下が死ぬかもしれないし、馬が死ぬかもしれないし、私が死ぬかもしれない、あるいは、もしかしたら、馬が空を飛ぶかもしれない。一年あるんだ！」


ただの希望だ。その希望によって人は生きる。それほどに人は退屈している。そしてもはや希望がなくなるほど退屈したとき、絶望が絶対的になったとき、人は自殺する。退屈と自殺はともに人間的だ。動物は自殺できないし、木も自殺できない。

なぜこんなことが起こったのか。その背後にある理由は何か。人はすっかり忘れてしまったのだろうか――どうやって生きるか、どうやって喜び祝うかを。

〈存在〉全体は喜び祝っている。どうして人間はそこから引っ込んで、自分のまわりに悲しみの空気を作り出しているのか。

このことは起こった……。動物は本能によって生きている。覚醒によって生きてはいない。本能によって、機械的に生きている。学ぶべきものは何もない。知るべきことは、もう生まれつき知っている。その生は、本能の水準の上を滑らかに走っていく。学ぶということはない。もうすでにプログラムが組み込まれている。その細胞の中にすでに青写真が入っている。それに従って生き、満足できるようになっている。それで動物たちは機械的に生き続ける。

人間はすでに本能を失っている。もはや生きるための青写真はない。人間は、青写真もなく、組み込みのプログラムもなしに生まれる。もはや機械的な路線の上を進むわけにはいかない。自分自身の道を作り出すしかない。本能でないものによって、本能を代用するしかない。本能は落とされている。だから本能を知性や覚醒で代用するしかない。機械的に生きるわけにはいかない。もはやあなたは、機械的に生きられる段階を超えている。機械的な生はもはや不可能だ。もう動物のようには生きられない。ところがあなたは別の生き方も知らない。これこそが問題だ。

人間の中には、自然の手になる組み込みのプログラムがない。プログラムなしに、〈存在〉に直面せざるをえない。そこで退屈や苦悩は必然の運命となる――覚醒を生み出し、覚醒によって本能を代用しないかぎり。

あなたはすべてを学ぶ必要がある。これこそが問題だ。動物は何も学ぶ必要がない。あなたはすべてを学ぶ。学ばなければ生きられない。だからいかに生きるかを学ぶ。動物にはそんな必要がない。

この学習こそが問題だ。あなたはいろんなことを学ぶ。金の稼ぎ方を学び、数学を学び、歴史を学び、科学を学ぶ。でも生き方は決して学ばない。それが退屈を生み出す。人類全体が退屈しているのは、この基本事がなおざりになっているからだ。またそれは本能にも任せられない。もはや生きるための本能は存在しない。人間にもはや本能はない。その扉は閉ざされている。自分のプログラムは自分で作るしかない。あなたは地図なしに生まれる。

これはいいことだ。あなたは〈存在〉に信頼されている。もはや自分で自分の地図が作れる。それは栄光だ、それは誉れだ。このことが人間をもっとも高いものとする――〈存在〉の頂点とする。あなたは〈存在〉によって自由にされている。どんな動物も自由ではない。動物は否応なく、〈存在〉によって与えられたプログラムに従って生きる。動物はプログラムとともに生まれる。そしてそれに従うのみだ。道を逸れるわけにはいかないし、選ぶわけにもいかない。動物に選択肢はない。人間にはあらゆる選択肢が開かれている。そしてそれに対する地図はない。

いかに生きるかを学ばなかったら、その生は退屈な代物になるだろう。これこそ現実に起こっているとことだ。だからあなたは、絶えずあれこれやりはするが、自分が生きているようには感じられない――死んでいるように感じられる。奥深くで何かが死んでいる。生きていない。絶えず何かをするのは、そうせざるを得ないからだ。ただ生きるためだけに、あなたは絶えず何かをする。でもこの「ただ生きる」ことは〈生〉ではない。そこには、何の踊りも、何の歌もない。それは仕事となっている。そこには何の遊びもない。だから当然、それを楽しむこともできない。こうしたタントラの技法は、いかに生きるかを教えるものだ。また、動物的本能に頼ってはいけないことを教える。そんな本能はもはや存在しない。本能はあまりに希薄になっているので、もう役に立たない。機能しない。

こんなことが観察されている。母親なしで育てられた子供は、愛を学ぶことがない。決して愛することができない。一生涯、愛なしのままだ。もはや本能がないから、学ぶしかない。愛でさえも学ぶしかない。愛なしで育てられた子供は、愛を学ぶことができない。それで愛することもできない。母親が存在せず、母親が喜びやエクスタシーの源泉とならなければ、いかなる女性も、喜びやエクスタシーの源泉となれない。その子供は、成長した後も、女性に魅かれることがない。もはや本能が機能していないからだ。

こんなことは動物には起こらない。一定の時期が来れば、動物は機能し始める。発情して異性に近づいていく。これは本能的であり、機械的だ。人間の場合は何事も機械的ではない。もし子供に言語を教えなかったら、子供は言語を覚えない。もし教えなければ、言語を持つことはない。言語とは自然なものではない。言語についての本能は存在しない。あなたが今あるすべては、みな学んだものだ。人間とは、自然《ネイチャー》であるよりも開化《カルチャー》だ。動物はどこまでも自然だ。

人間は自然であるよりも開化だが、ひとつの次元だけ、もっとも基本的な次元だけ、開化していない。それは生きていることの次元だ。あなたは、すでにそれを持っているように思っている――当たり前のことのように思っている。でもそれは違う。いかに生きるか、あなたは知らない。息をするのと生きるのは同義ではない。ただ食べたり、眠ったり、身体的な事をするのは、生きるのと同義ではない。あなたは存在している。その通りだ。でも生きてはいない。

ブッダは生きている。たんに存在しているだけではない。その生きていることが現れるのに必要なのは、それを学ぶこと、それに気づくこと、それを探求し、それが進化するような状況を作り出すことだ。そもそも、人間には機械的な進化はない。今起こっているのは意識的な進化であり、それについてはもはやどうしようもない。意識的な進化に向かう以外にない。後戻りはできない。今いるところにしがみついてもいいが、そうすると退屈してしまう。

それこそが現状だ。あなたは動いていない。ただ物質的なものを蓄積し続けるだけだ。だから物は動くが、あなたは動いていない。富はどんどん蓄積され、成長する。銀行預金はどんどん成長する。でもあなたは成長しない。まったく増えることがない。往々にして逆に、縮こまり、減少してしまう。増加することがない。何かを意識的にやらないかぎり、あなたは失われる。意識的な努力が必要だ。意識的な努力は動物には要求されない。動物にはその責任がない。だからひとつ、ごく基本的なことを覚えておくように。自由は責任を伴う。そして自由になれるのは、責任を引き受けるときだけだ。

動物には責任がない。でも動物は自由でもない。動物には自由がなく、一定の様式に従うのみだ。間違うわけがないから、動物はしあわせだ。動物は既定の道筋をたどっている。何千年もの進化によって作り上げられた一定の様式に従っている。その様式は長年かけて、状況にふさわしく作り上げられたものだ。動物はそれに従っている。間違う可能性はない。

ところが人間には間違う可能性が大いにある。計画もなければ、地図も、様式もない。この先の生について海図はない。人は自由だ。でもそれには大きな責任が伴う。その責任とは、正しく選ぶことであり、正しく行為することであり、そして努力によって自分の未来を生み出すことだ。実際、人間に求められていることは、自分自身の努力によって自分自身を創り上げることだ。

西洋の実存主義者の言っていることは本当だ。彼らいわく、「人間は本質なしに生まれる」。あるいはこう言ってもいい——「魂なしに生まれる」。サルトルや、マルセルや、ハイデッガーは、「人間は本質なしに生まれる」と言う。人間はひとつの実存として生まれる、そして自分自身の努力によって本質を創り出す。人間はただ可能性として生まれ、そして自分自身の努力によって魂を創り出す。人間はただ形態として生まれ、そして自分自身の意識的な努力によって実体を創り出す。

自然のすべてについては、事情はその正反対だ。動物すべて、植物すべては、生まれるとき、本質や、魂や、プログラムや、固定的な運命を備えている。人間の行く手は開かれている。固定的な運命はない。そのせいで、重荷が生まれ、責任が生まれる。そのせいで、恐怖や、苦しみや、悩みが現れる。そしてあなたがどこにいようと、もし何もしなければ停滞してしまう。その停滞が退屈のもととなる。

人間が生き生きし、しあわせで、祝い喜べるのは、ひとえに、動いているとき、成長しているとき、増大しているとき、魂を創り出しているときであり、さらに言えば、〈神〉を胎《はら》んでいるとき、そしてその〈神〉が自分の胎で成長しているとき、それを産み出そうとしているときだ。

タントラでは、神は始まりではない。神は終わりにある。神は創造者ではなく、進化の究極の頂点であり、最終地点だ。終わりであって始まりではない。アルファではなくてオメガだ。胎まないかぎり、そして自分の中に子供を担わないかぎり、あなたは退屈する。なぜならそんな生は不毛だからだ。そこからは何も生まれない。何の果実も生まれない。そのことが退屈を生み出す。退屈というこの機会を、進化の源泉とすることもできるし、この機会を逃して自殺へと向かうこともできる。それはあなた次第だ。

人間は自殺できる。それゆえ、精神的に成長できるのは人間だけだ。精神的に成長できる動物はいない。人間は自分自身を破壊できるからこそ、創造することもできる。その可能性は表裏一体だ。自分自身を破壊できる動物はいない。それは不可能だ。ライオンが自殺を考えるなど想像もできない。断崖から飛び下りて、すべてにケリをつけようと考えるライオンなどいない。いかに勇敢であろうと、「自分をおしまいにしよう、自分を破壊しよう」などと考えるライオンはいない。そんな自由はない。

でもあなたは、自分自身の破壊を思い描くことができる。人は誰でも自らの破壊を何べんとなく考える。自殺を考えたことのない人間がいたとしたら、その人間は、動物か神のどちらかだ。破壊の可能性、それはじつに人間的なことだ。でもそのことが別の扉を開く。両方の扉は同時に開く。あなたは創造することもできる。自分自身を創造できる。なぜなら自分自身を破壊できるからだ。

自分自身を創造できる動物はいない。あなたは自分自身を創造できる。そして創造を開始しないということは、破壊しているということだ。自分自身を創造しないかぎり、創造し始めないかぎり……。

そして自分自身の創造は、ひとつの物事ではなくて過程《プロセス》だ。たゆまぬ創造だ。究極に到達するまで、たゆまず創造し続ける。神が自分自身の中から生まれるまで、たゆまず創造し続ける。創造していなければ、きっと退屈する。非創造的な生は退屈だ。こうした技法はすべて、あなたの手をとり、創造させ、再び生まれさせ、胎ませるためにある。それでは技法に入ろう。

最初の技法。この技法はじつに簡単であり、またじつにすばらしい。誰でもできる。タイプには関係ない。誰にでもできて、誰にでも役立つ。たとえその中に深く入れなかったとしても、やはり役に立つ。心身を爽快にしてくれる。

退屈したとき、たちまち爽快にしてくれる。疲れたときでも、たちまち活力を与えてくれる。すべてがいやになったと感じるときでも、たちまち新たなエネルギーの潮《うしお》が沸き上がってくる。だから誰の場合でも、たとえこれを瞑想として使わない場合でも、この技法は有効だ。医療的な効果がある。健康をもたらしてくれる。実行するのもやさしく、必要なものは何もない。

90 目に軽やかに触れる

スートラは次の通りだ、

両眼球に羽のように触れれば、
両眼の間の軽やかさがハートの中に開き、
そこから宇宙が広がる。

技法に入る前に予備知識を少々。まず最初に目について少し理解しておこう。なぜならこの技法は目に関わっているからだ。

一番目。自分がどんな状態にあろうと、どんな振りをしようと、目だけは欺けない。偽りの目は作れない。偽りの顔なら作れるが、目は偽れない。グルジェフのような完璧な師にならないかぎり、それは不可能だ。自分の全エネルギーが操作できないかぎり、目を偽ることはできない。普通の人間にそんなまねはできない。目は偽れない。

だからこそ、誰かに目を覗きこまれると、目を見つめられると、あなたは怒るのだ。目を見つめることは、相手の心底を探ることだ。目という一点に関してはどうしようもない。目は真の自分をあらわにする。だから他人の目を凝視するのは不作法だ。会話しているときでさえ、人はいつも目を避けている。相手を愛していないかぎり、深く信頼していないかぎり、凝視はできない。限度というものがある。

心理学者によると、その限度は三十秒だそうだ。見知らぬ人間を見つめることができるのは、三十秒が限度だ。それ以上見つめると、攻撃的だという印象を与え、相手は落ち着かなくなる。遠くからならいい。誰も気づかないからだ。三十メートル先だったら見つめていてもいい。でも六十センチのところだったら、それは無理だ。

混んだ汽車の中や、混んだエレベーターの中で、顔を突合わせて座ったり立ったりしているとき、他人の目を見ることは決してない。体が触れるのはかまわない。でも互いの目を見ることは決してしない。あまりに近いから、相手の心の中まで貫いてしまう。そこで覚えておくべき第一点。目には性格というものがない。目は本性そのものだ。何の性格もない。

第二点。あなたは目を頼りにして暮らす――八割は目だと言われている。目について研究している心理学者によれば、世界に対する接触のうち、八割は目を通じてだそうだ。人間の生の八割は目から外に出る。

だからこそ、盲人を見ると気の毒に思えるのだ。聾者に対してはそれほどでもない。でも盲者を見ると、大きな同情を感じてしまう。なぜか。それは盲者がその八割分を生きていないからだ。聾者はそれほどでもない。あるいは足がなかったり手がなかったりしても、それほどではない。でも盲者は八割が閉ざされている。二割しか生きていない。

あなたのエネルギーの八割は目を通じて外に出る。あなたは目を通じて世界に入る。だから疲れるときには、目が最初だ。体のほかの部分はその後だ。最初にエネルギーが涸渇するのは目だ。だから目を蘇《よみがえ》らせれば、体全体も蘇る。目はあなたのエネルギーの八割だ。目が活性化すれば、自分自身も活性化する。

大自然の中にいるときには、不自然な都市にいるときほど疲れを感じない。周囲の自然が絶えず目を養うからだ。木々の緑や、新鮮な環境といったすべてが、目をくつろがせ、目を養う。近代都市は、目から奪うばかりだ。養ってくれるものがない。だから遠く離れた村とか、人工物の何もない山奥に行くと、そこで出会う目は違っている——その輝き、その質が違っている。新鮮で、動物のようで、貫くようで、生き生きとして、踊っている。

近代都市では、目は死んでいる。最低限のところで生きている。その目は祝い踊ることを知らない。新鮮さというものを知らない。目から溢れ出る生気を知らない。ただ奪われるばかりだ。

エネルギーの八割は目を通じて動く。だからまず必要なのは、このエネルギーとその動きについての術《アート》、そして目の可能性について、完璧に知り、学ぶことだ。

インドでは、盲人のことを、プラジュニャー・チャクシュ、「知恵の目」と呼んできた。それには理由がある。どんな災いも福に転じられる。エネルギーの八割は目を通じて動く。だから盲人の場合、その八割は不活性だ。世界に対する接触の八割は失われている。

外側の世界に関するかぎり、盲人は非常に不運だ。でも盲人というこの機会を利用できたら、そのエネルギーの八割を内側の世界のために使える。その術《アート》を知らないかぎり、普通、この八割は使えない。だから盲人にとっては、エネルギーの八割は手許にある。普通は外に向かうそのエネルギーが、内向きに使える。もしそのエネルギーを内に向ける術を知っていたら、盲人は「知恵の目」になる。

盲人だからといって自動的にプラジュニャー・チャクシュ、「知恵の目」になるわけではない。そうなれるということだ。通常の目はないが、知恵の目が獲得できる。盲人がプラジュニャー・チャクシュと呼ばれるのも、盲人にこう教えるためだ――目がないからといって落胆するな、内側の目を創り出せばいいではないか、八割以上のエネルギーはあなたの中にある、それは目明《めあ》きにはないものだ、あなたはそれを使うことができる。

でも、それに気づかなくとも、盲人というものは、目明きよりも静かだ。くつろいでいる。盲人を見てごらん。目明きよりも静かで、その顔はつくろいでいる——自分自身に安らぎ、何の不満もないように見える。その点がおそらく聾者と違うところだ。聾者は普通人より落ち着きがない。そして往々にして、より狡猾だ。でも盲者は、決して狡猾でなく、計算高くなく、落ち着いている。基本的に、〈存在〉に対し深い信頼を寄せている。

どうしてそうなるのか。それは八割のエネルギーが内側に向かっているからだ——たとえ自分では知らなくとも……。それは絶えざる落下となる。ちょうど滝のようなものだ。たとえ知らなくても、それは絶えずハートへと落ちている。外へ向かうそのエネルギーが、絶えずハートへ落ちている。そのことが彼の存在の質を変える。古代インドでは、盲人はたいへん尊敬された。深い尊敬を込めて、盲人は、プラジュニャー・チャクシュ、「知恵の目」と呼ばれた。

同じことがあなたの目でも可能だ。この技法はそのためにある——外に向かうエネルギーを、自分自身の上に戻し、ハート中心《センター》に落とすために……。エネルギーがハートに落ちれば、あなたはどこまでも軽くなる。まるで体が羽になったかのようだ。重力がまったくなくなったかのようだ。そしてたちまち自らの存在の最深の源泉と結ばれ、それによって活力が回復する。

タントラによれば、深い眠りによって活力が回復するのは、眠りのせいではなく、外に向かっていたエネルギーが内に向かうからだ。もしその秘密を知れば、普通の人間が六時間なり八時間かけてすることを、数分のうちにできるようになる。ただし、「普通の人間には八時間かかる」と言っても、実際にその人が自分でしているわけではない。自然に任せ、自然がするのだ。それが何なのか自分にはわからない。眠りの中で、何か神秘的なことが起こっている。その根底をなすひとつは、エネルギーが外に向かわずに、ハートに落ちることだ。それによって活力が回復する。つまりそれは、自分自身のエネルギーによる深い沐浴《もくよく》だ。

このエネルギーの動きについてもう少し付け加えよう。もうすでに気づいている人もあるだろうが、人の上に君臨する者は、つねに人の目を凝視する。一方、君臨される側は視線を下げる。奴隷とか、召使いとかいった、下位の人間は、決して上位の人間の目を凝視しない。上位の人間は凝視できる。王は凝視できる。しかし王の前に出た人間は凝視したりしない。それは侵犯となる。だから視線を下げる。

実際、目を通じて人のエネルギーは動く。それは微妙な暴力ともなる。人間の場合だけではない、動物もだ。初対面の二匹の動物は、互いに相手の目を凝視し、どちらが上位になりどちらが下位を取るか決めようとする。いったん一方が視線を下げれば、ことは決定される。もはや争うことはない。ことは終わった。そしてどちらが上位かは、もう既定のこととされる。

子供たちでさえ睨《にら》めっこをする、そして目を逸らした方が負けとなる。確かにその通りだ。子供同士で互いに目を凝視する――そして心地が悪くなり、モジモジし始め、目を逸らして相手の視線を避けたら負けだ。いつまでも凝視している方が勝ちだ。自分の目が相手の目を負かすということは、自分が相手より強いという微妙な指標だ。

演壇の上で話したり演じたりしようとすると、人は大きな恐れを感じ、体が震える。長年の経験を持つベテラン俳優でも、ステージに立つときには恐怖感が先に立つ。それはたくさんの目に見つめられるからだ。そこには大きな攻撃的エネルギーがある。何千という人々の凝視の中には、たいへんなエネルギーがある。それで演者は突然、深いところで震え出す、恐れに捉われる。観衆の目から、微妙なエネルギーが流れてくる。たいへん微妙なエネルギーだ。様々な肉体的エネルギーの中でも、もっとも微妙で、もっとも繊細なエネルギーが、目から流れ出す。そのエネルギーの質は、個々人によって異なる。

ブッダの目から流れ出るエネルギーと、ヒトラーのような人間の目から流れ出るエネルギーは、まったくタイプが違っている。ブッダの目を見てごらん、その目はあなたを受け入れ、歓迎する。その目は扉となる。ヒトラーの目を見てごらん、その目はあなたを拒絶し、断罪し、押しのけ、放り投げる。ヒトラーにとって、その目は武器のようなものだ。ブッダにとって、その目は慈悲だ。目の質が異なっている。いつかそのうち、目のエネルギーを測定する装置ができるだろう。そうすれば相手のことを良く知る必要もなくなる。目のエネルギーとその質で、背後に隠れている人間のことがわかる。やがてそのようなことにもなるだろう。

このスートラ、この技法は次のように言う、

両眼球に羽のように触れれば、
両眼の間の軽やかさがハートの中に開き、
そこから宇宙が広がる。

両眼球に羽のように触れれば——両手の平を、両目にもっていき、眼球に触れる。ちょうど羽のようにだ。圧《お》したりしない。圧したりしたら、この技法から外れてしまう。だから圧したりせずに、羽のように触れる。まずは微調整が必要だ。最初のうちは、どうしても圧してしまう。だから圧力を段々減らしていき、まさに触れているだけのところまで持っていく——何の圧力もなく、ただ手の平が眼球に触れるだけ……。まったく圧すことなしに、ただ触れるだけ、ただ出会うだけだ。もし圧力が存在したら、この技法は役に立たない。だから羽のようにだ。

なぜか。つまり、針には剣にできないことができる。もし圧してしまったら、その質が変化する。攻撃的になる。目から流れ出るエネルギーは、たいへん微妙なものだ。少しでも圧力がかかると、そのエネルギーは闘いを始め、抵抗が現れる。圧すことによって、目から流れ出るエネルギーは抵抗し始める。闘いが起こる。だから圧してはいけない。ほんの少しの圧力でも、目のエネルギーはそれを察知する。

これはたいへん微妙で繊細だ。だから圧してはいけない。羽のように、まるで触れていないかのように、手の平が触れる。触れていないかのように、何の圧力もなく触れる。ただ触れるだけ……手の平が眼球に触れているというわずかな感覚があるだけだ。

するとどうなるか。圧力なしに触れるとき、エネルギーは内側に向かって動き始める。もし圧してしまったら、エネルギーは手の平と闘い始め、外に流れる。しかし触れるだけなら、エネルギーは内に向かう。もう扉は閉ざされている。扉が閉ざされているのでエネルギーは後戻りする。エネルギーが後戻りすると、顔じゅうに、頭じゅうに軽やかさが感じられる。このエネルギーの後戻りによって、あなたは軽くなる。

両目の真ん中には第三の目がある。それは知恵の目、プラジュニャー・チャクシュだ。両目のちょうど真ん中に、第三の目がある。両目から後戻りしたエネルギーは、第三の目を撃つ。それで軽やかになり、浮いているような感じがする。まるで重力がなくなったかのようだ。そして第三の目から、エネルギーはハートへと落ちる。これは物理的現象だ。ぽたり、ぽたりと落ちていく。そして、ごく軽やかな感覚がハートに入っていく。鼓動はゆっくりとなり、呼吸もゆっくりとなる。体全体にくつろぎが感じられる。

たとえ深い瞑想に入らずとも、これは体を楽にする。一日のうちいつでもいいから、椅子にくつろいで座る。椅子がなくても、たとえば汽車の座席に座っているときでもいい。目を閉じ、体全体にくつろぎを感じ、それから両手の平を目にあてる。でも圧してはいけない。ここが肝心なところだ。羽のように触れる。

圧すことなく触れれば、思考はたちまち止まる。くつろいだマインドの中では、思考は動けない、凍りついてしまう。思考が動くには、熱狂や興奮が必要だ。思考が動くには、緊張が必要だ。思考は緊張を通じて生きる。目が静まり、くつろぎ、そしてエネルギーが後戻りしたら、思考は止まる。そして、ある種の至福が現れる。その至福は日々深まっていく。

だからこれを一日何度もやってみる。ほんの少しの間でも触れるのはいいことだ。いつでも、目が疲れたと感じるとき、エネルギーが涸渇したと感じるとき……読書の後や、映画やテレビを見た後、いつでもいいから、目を閉じ、触れてみる。効果はたちまち現れる。だがそれを瞑想としてやりたかったら、最低四十分はやる。そして、くれぐれも圧さないように。羽のように触れるというのは、最初のうちやさしい。でも四十分となると難しい。きっと何度もそれを忘れ、目を圧してしまう。

圧してはいけない。四十分間、ひたすら意識し続ける――「自分の手に重量はない、手はただ触れているだけだ」。ひたすら覚醒を保つ――「自分は圧していない、ただ触れているだけだ」。これは深い覚醒となる。ちょうど呼吸のように。ブッダは「完璧な覚醒をもって呼吸しなさい」と言ったが、目に触れることについても同様だ。つねに圧さないことに留意する。手はまさに羽のように、無重量で、ただ触れているだけだ。

そしてマインドは、あくまでも目の近くにあって、覚醒している。そしてエネルギーは絶えず流れている。最初のうちは、ただ滴のように垂れるだけだ。でも何ヵ月かのうちに、それが川のようになり、また一年たつころには、きっと洪水となっているだろう。

両眼球に羽のように触れれば、両眼の間の軽やかさは……。

そのように触れれば、その軽やかさが感じられるようになる。それは今でも感じられる。目に触れるやいなや、ある軽やかさが現れる。

両眼の間の軽やかさはハートの中に開き——

その軽やかさは、ハートを貫き、ハートへと開く。ハートに入れるのは、軽いものだけだ。重いものはだめだ。ハートの中に起こるのは、ごく軽いものだけだ。

両眼の間の軽やかさが、ハートの中へ滴《したた》り始め、ハートは開いてそれを受け取る、そこから宇宙が広がる。そして滴るエネルギーは、流れになり、川になり、やがては洪水となる。そしてあなたはすっかり洗われる。洗い流される。もはや自分が存在するとは感じられないだろう。ただ宇宙が存在すると感じられるだけだ。息を吸うとき、息を吐くとき、自分はすでに宇宙になったと感じる。宇宙が中に入り、宇宙が外に出る。あなたがいつも抱えている実体、すなわちエゴは、もはやなくなる。

この技法はたいへんやさしく、また何の危険もないから、好きなように試していい。ただ、たいへんやさしいから、かえってやりにくいかもしれない。この技法のすべては、圧すことなしに触れることにかかっている。だからそのことを学ぶことだ。試してごらん。そうすれば一週間のうちにそれが起こるだろう。圧すことなしに触れていれば、ある日、私の言っていることが不意に感じられるだろう――軽やかになり、ハートが開き、そして何かが頭からハートの中へと滴っていくだろう。

91 自分のエーテル体を体験する

第二の技法、

優しいデヴィよ、エーテル的存在の中に入れ——
それは汝の形態を大きく越えて上方に下方に広がっている。

この第二の技法は、最初の技法をした後に実行するといい。この技法だけ単独でもできるが、その場合にはたいへん難しい。だからまず最初の技法をした方がいい、そうすれば、この技法もずっと容易になる。

軽やかさや浮揚感が起こり、「自分は飛べそうだ」と感じるとき、突然あなたは、自分の体のまわりに青みがかった光を感じるだろう。

でもそれがわかるのは、こう感じるときだけだ——「自分は浮かび上がれる、自分の体は飛べる。体は光となって、重量から完全に解放され、地球の引力から完全に解放されている」とは言っても実際に飛べるわけではない。それはどうでもいい。ときにはそれも起こる。ときには、体があるバランス点に達し、上昇することも起こる。でもそれが目的ではない。それについてはまったく考えなくていい。目を閉じたとき体が上昇したと感じれば、それで充分だ。目を開ければ、自分は地面に座っている。だから心配には及ばない。目を閉じて、まるで自分が上昇し、体に重量がなくなったように感じれば、それで充分だ。

瞑想についてならそれで充分だ。でも空中浮揚を習っているのであれば充分ではない。しかし私はそんなものに関心はない。だからそれについては何も語らない。自分の体が無重量になったと感じるだけで充分だ。

この無重量性を感じたら、目を閉じたままで自分の体の形態を意識してみる。目を閉じたまま、自分の爪先とその形態を感じ、脚とその形態を感じ、それから全身の形態を感じる。もしブッダのようなシッダアーサナの姿勢で座っているなら、ブッダのように座りながら、その形態を感じる。内側で自分の体の形態を感じてみる。その形態はきっと、だんだんはっきりとあなたの前に現れるだろう。それと同時に、形態を包む青みがかった光に気づくだろう。

最初のうちは目を閉じてやってみる。そしてこの光がだんだん拡がり、体のまわりじゅうに青みがかったオーラが感じられるようになったら、夜、灯りのない部屋でやってみる。そして目を開ければ、きっと、まさにこの通りのものが体をすっかり包んでいることだろう——青みがかった形態、光、青い光が体をすっかり包んでいる。もしそれを、目を閉じてではなく、目を開けて現実に見たかったら、まったく何の光もない部屋でやってみることだ。

この青みがかった形態、この青みがかった光こそが、エーテル体の存在だ。あなたには幾つもの体がある。この技法はエーテル体に関わっている。エーテル体を通じて、あなたは最高のエクスタシーに入ることができる。体は七つある。どの体も〈神〉の中に入るのに使える。どの体も扉となる。

この技法はエーテル体を使う。エーテル体はもっとも認識しやすい。ほかの体はもっと深くにあるので、認識するのも難しくなる。エーテル体は肉体のすぐ近くにある。エーテル体は二番目の体だ。肉体を取り巻いている。肉体を貫き、肉体を取り巻いている。ぼんやりした光、青い光が、ゆるやかな衣のように取り巻いている。


優しいデヴィよ、エーテル的存在の中に入れ――

それは汝の形態を大きく越えて上方に下方に広がっている。


それは肉体の上方や下方、すべてを取り囲んでいる。自分のまわりに青い光が見えたら、思考はたちまち停止する。というのも、エーテル体に思考は必要ないからだ。またその青い光は、大きな安らぎを与えてくれる。大いに心を静め、くつろがせてくれる。普通の青い光でさえも、大きな安らぎとなる。なぜか。それはエーテル体の光だからだ。青空は大きな安らぎとなる。なぜか。それはあなたのエーテル体の色だからだ。エーテル体というのは、たいへん心安まるものだ。

恋人が深い愛をもって相手に触れるとき、その接触はエーテル体への接触だ。だからこそ相手は大きな安らぎを感じるのだ。これは写真にも撮られている。深く愛し合っている恋人同士が愛を交わすとき、その交合がある一定の長さに達すれば、つまり四十分を越えれば、また射精をしなければ、深い愛の中で、二人の体のまわりに青い光が現れる。それは写真にも撮られている。

またときには、じつに奇妙な現象が起こる。なぜなら、この光はたいへん微妙な電気的エネルギーだからだ。世界中でたびたびこんなことが起こっている――蜜月の新婚カップルが新しい部屋にいて、あるいは互いの体を知らず、何が起こるのかも知らない初夜、二人の体が一定の波動につつまれ、愛の波動、引き合う波動につつまれ、互いに深く関わりあい、互いに相手に対して開き、無防御になり、一体になろうとしていたら、ときどき偶発的に、こんなことが起こる――二人の体が大きく帯電することによって、エーテル体がたいへん活発になり、それによって部屋の物が落ちてくる。

じつに奇妙な現象だ。テーブルの上の小像が突然下に落ちる。テーブルの上のコップが突然割れる。でもそこには、愛を交わしているカップルのほか誰もいない。二人はコップに触れてすらいない。あるいは突然、何かが燃え始める。こうした事例は世界中の警察署にたくさん報告されている。いろいろ調査が行なわれた結果、こんな結論に達した。深く愛を交わしている二人の作り出す電気的な力が、周囲のものに影響を及ぼしているのだと——。

この電気的な力も、エーテル体を通じて現れる。エーテル体は電気的な体だ。あなたがエネルギーに充ち溢れているときには、エーテル体の範囲も大きい。でも悲しんだり、落ち込んでいるときには、体のまわりにエーテル体はない。体の中に後退している。だから悲しんでいる人間、落ち込んでいる人間の近くにいると、自分もまた悲しくなる。悲しみの極にいる人間が部屋に入ると、自分も何らかの異状を感じる。なぜなら、悲しんでいる人間のエーテル体が、たちまちこちらにも影響を及ぼすからだ。その人間は搾取者となる。その人間のエーテル的エネルギーが落ち込んでいるため、他人を栄養とするようになる。

悲しんでいる人間は他人も悲しくさせ、落ち込んでいる人間は他人も落ち込ませ、病んでいる人間は他人をも病ませる。人間というものは、表面的な仕方だけでなく、目に見えない仕方でもつねに作用している。たとえ口では何も言わなくとも、あるいは顔で笑っていようとも、消沈している人間は相手から搾取する。相手のエーテル体はエネルギーを失う。つまり搾取され、栄養とされる。一方、幸福な人間が部屋に入ってくると、たちまちあなたは自分のまわりに幸福を感じる。彼は大きなエーテル的エネルギーを放射する。そしてあなたに御馳走する。あなたを養う。彼のもとには溢れるほどたくさんある。

ブッダやキリストやクリシュナのような人間は、絶えず周囲に御馳走を与える。人々は絶えずもてなされる。ブッダのような人間に会った後には、自分の中に、若返ったような新鮮さや活気が感じられる。それはどういうことか。たとえブッダが何も語っていなくても、ただのダルシャン、ただの一瞥によって、自分の中の何かが変わった、何かが自分の中に入った、と人は感じる。何が入ってくるのか。ブッダのような人間はエネルギーに満ち溢れている。自分自身に安らいでいる人間は、つねに溢れんばかりだ。なぜなら、あなたのようにつまらないことにエネルギーを浪費していないからだ。彼はいつも満ち溢れており、やって来る者は誰でもそこから汲むことができる。イエスは言う、「私のもとへ来なさい。重荷を負う者は私のもとに来なさい。私がその重荷を下ろしてあげよう」。でも実際に彼が何かをするわけではない。彼がそこにいることで、それが起こるのだ。

次のように言われていることがある。神人、ティルタンカーラ、アヴァターラ、そしてキリストといった人々が地上を歩むと、そのまわりにはある一定の空気が作り出される。ジャイナ教の行者たちはそれを測定もしている。それによると、それは二十四マイル（三十八キロメートル）だそうだ。一人のティルタンカーラ（ジャイナ教の大師）から半径二十四マイルの範囲でエネルギーが人々に降り注ぎ、人々はそれに浴する。知ろうが知るまいが、友であろうが敵であろうが、彼に従おうが反対しようが、それは関係ない。

従っている人間の方が、もっとそれに浴する。開いているからだ。敵対していれば、浴することは浴するが、それほどでもない。閉じているからだ。でもエネルギーは降り注いでいる。一人の人間がかくも大きな源泉となる。穏やかで、静かで、安らぎ、くつろいでいる人間は、大きな源泉となる。半径二十四マイルの範囲にわたって特定の空気が作り出されるほどだ。そしてその空気の中で、あなたは絶えざる御馳走に浴している。

これは人間のアストラル体で起こる。アストラル体は人間の電気体だ。私たちの目に見える体は肉体だ。物質的な体だ。それは実際、本当の生ではない。生が肉体にやってくるのは、電気体、エーテル体によってだ。それこそがプラーナ、「精気」だ。

シヴァは言う、

優しいデヴィよ、エーテル的存在の中に入れ。

まず最初に必要なのは、自分の肉体を取り巻くその形態に気づくことだ。それに気づいたら、それを成長させる。それを増大させ拡げていく。それにはどうしたらいいか。

ただ静かに座り、それを見る。何もせずに、ただ自分のまわりの青い形態を見る。何もしないで、ただ見ていれば、やがてそれは増大し、拡がっていく。何もしないからこそ、エネルギーはすべてエーテル体へと向かうのだ。そこがポイントだ。何かをやっていれば、エネルギーはエーテル体から奪われてしまう。

老子いわく、「無為であれば、私より強い者はいない。まったく無為であれば、私より強い者はいない」。行為によって強い者よりも、もっと強い」、老子いわく、「私は負けることがない。なぜならば、私のエネルギーは無為に由来するからだ」。その秘密は何もしないことにあった。

ブッダが菩提樹の下でしていたことは何か。何もしていなかった。そのとき彼は何もしていなかった。何もせず、ただ座ることによって、彼は〈究極〉を達成した。これは一見不可解だ。私たちはこれほど努力していながら、何も達成されることがない。ところがブッダは菩提樹の下で何もしていなかったのに、〈究極〉を達成した。

何もしていなければ、エネルギーは外に向かわずに、エーテル体へと向かう。エネルギーはそこで蓄積される。エーテル体は電気的な貯蔵庫となる。それが成長すればするほど、あなたは静かになる。静かになればなるほど、それは成長する。どうすればエーテル体にエネルギーを与えるかを知り、どうすればエネルギーを浪費せずに済むかを知ったら、あなたはもう秘密の鍵を手にしている、知っている。

そうしたら喜び祝うことができる。実際のところ、そうして初めて、喜び祝うことができる。現状のようにエネルギーが涸れ果てていて、どうして喜び祝うことができるだろう。どうして花咲くことができるだろう。花というのは贅沢なものだ。木がエネルギーで満ち溢れて初めて、花は現れる。花はつねに贅沢なものだ。

もし、木に充分な栄養がなかったら、花は咲かない。葉にも充分な養分がないし、根にも充分な養分がないからだ。序列というものがある。まず根に栄養がいく。根はもっとも基本的なものだ。根がなかったら、花の可能性もない。それから幹に栄養がいき、次いで枝となる。すべてが順調で、まだエネルギーが余っていたら、次には葉にいく。それでもまだ栄養が余り、木も満足しきって栄養やエネルギーを必要としていなかったら、そのときに花が咲く。満ち溢れるエネルギーが花となる。花はほかの人への御馳走だ。贈り物だ。木からあなたへのプレゼントだ。

このことは人間にも起こる。ブッダというのは花の咲いた木だ。そのエネルギーは溢れるばかりだ、それで彼は人々みなを招き、それを分かち与えようとする。

まず最初の技法をやり、それから二番目をやる。それだけ単独でもできるが、その場合には、エーテル体の青みがかった形態を認識するのは難しくなるだろう。

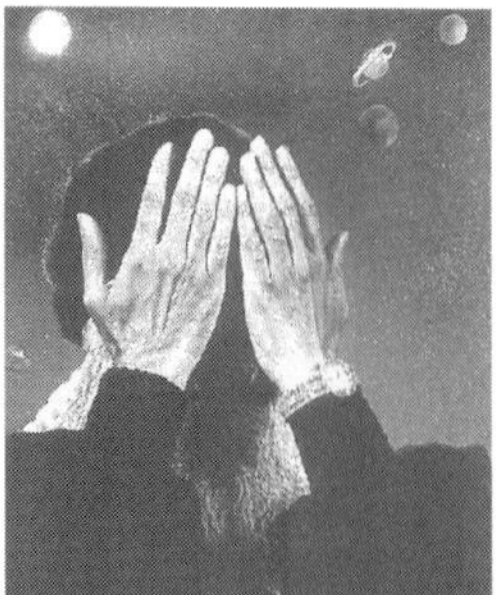

第八章

無選択は至福

——◎質問◎——

◎

なぜほとんどの人は苦悩を選ぶのですか。

◎

開化した社会はどのようなものになるのでしょうか。

◎

◎…………最初の質問

人間には二つの可能性しかないのでしょうか――悲しみや苦悩の生と、神性や至福の生と。またこの選択は人間に任されているのでしょうか。だとしたら、なぜほとんどの人間が悲しみや苦悩の道を選ぶのですか。

これはじつに重要な質問だ。またじつに微妙でもある。理解すべき第一点は、生とはまったく逆説的なものだということだ。だからこそいろんなことが起こる。選択肢は二つだ――天国か、地獄か……。第三の可能性はない。深い苦悩か、苦悩のない深い至福かだ。これこそただ二つの可能性、二つの扉、存在の二つのあり方だ。

すると当然のことながら疑問が起こる。なぜ人間は苦悩の方を選ぶのか。人間は決して苦悩を選ばない。つねに至福を選ぶ。そこに逆説が現れる。至福を選ぼうとすると、苦悩することになる。なぜなら至福とは、無選択だからだ。これこそが問題だ。至福を選ぼうとすると、苦悩することになる。選ぶことなく、ただ観照者としてとどまり、無選択だったら、至福の中に入る。だから本来の問題は、至福か苦悩かの選択ではなく、選択か無選択かの選択だ。

なぜ選択すれば苦悩するのか。それは選択が生を分割するからだ。選択すると、何かが切り捨てられる。すべてを受け入れるということはない。何かを受け入れ、何かを否定する。それこそが選択の意味するものだ。しかし生はひとつの全体だ。生は分割できない。もし何かを選び何かを否定したら、その否定されたものがあなたの前に姿を現す。否定されたものは、否定されたというまさにそのことによって、あなたに大きな影響を及ぼす。あなたはそれを恐れるようになる。

何も否定できない。あなたにできるのは、ただ目をつぶること、逃避することだけだ。それに触れまいとすることはできるだろうが、それはつねにそこに隠れており、自己主張する機会をうかがっている。だから、もし苦悩を否定したら、もし「自分は苦悩を選ばない」と言ったら、それは微妙な仕方で苦悩を選択することだ。それによって、苦悩はいつもあなたのまわりにつきまとう。それが第一点。

生とは全体だ。それが第一点。生とは変化だ。それが第二点。これが基本的真理だ。生は分割できない。

第二に、何物も停滞していない。それは不可能だ。だからたとえば、「私はもはや苦しまない。これからは至福に満ちた生き方をする」と語ることは、幸福に執着することだ。何かに執着することは、それを求め、それを永続的なものにしようと望むことだ。しかし生に永続的なものはない。生は流れだ。

だから幸福に執着することは、再び苦悩を生み出すことだ。この幸福も過ぎ去る。何もとどまらない。それは川だ。川に執着すれば、いずれ必ず失望する。川は流れる。やがてあなたはそれに気づく――「川は遥か彼方へ流れ去ってしまった。それはもはや自分のもとにない。自分の手は空っぽで、ハートは満たされていない」と。

もし至福に執着すれば、しばらくのあいだ至福は続くだろうが、それもまた過ぎ去る。生は流れだ――決して何も永続的ではない。あなたを除いては、何も永遠ではない。だから変わりゆくものに執着したら、それが過ぎ去ったとき、あなたは苦しむ。そして苦しむのは、それが過ぎ去ったときだけではない。執着する心《マインド》があるときには、その対象が手許にあるときでも、それを楽しむことができない。それを失いはしないかといつも恐れている。

執着することは、機会を逃すことでもある。後で苦しむことになるし、今を楽しむこともできない。「いつなくなるかもしれない」という恐怖がいつもつきまとう。たとえば家に客がやって来る。客は明朝になれば帰る。それが苦になる。客は明朝帰ってしまう。その痛み、苦しみが、今、自分の上にやってくる。すると客がいるときでも楽しくない。客がいるときでも、明日になれば帰ってしまうことが気になって幸福でない。また客が帰ってしまうと、やはり幸福でない。これが現実だ。

第一点。生は分割できない。しかし選択しようとすると、どうしても分割してしまう。その選択した当のものは、流動体のようなものであり、やがて去ってしまう。そして否定した当のものは、自分の上に落ちかかってくる。それから逃げるわけにはいかない。たとえば、「私は昼だけに生き、夜からは逃げる」というわけにはいかない。あるいは、「私は息を吸うだけで、絶対に吐かない」というわけにはいかない。

生とは対極間のリズムだ。息は入り、そして出ていく。出入のこの二つの対極の間に、あなたは存在する。苦悩もあり、幸福もある。幸福というのは入息のようなもの、苦悩とは出息のようなものだ。あるいは昼と夜のようなものだ。対極間のリズムだ。だから「私は幸福であるときだけ生きる。幸福でないときには生きない」というわけにはいかない。そんな姿勢を取るわけにはいかない。そんな姿勢は、苦悩をさらに大きくする。

苦悩を選ぶ者は誰もいない。この質問は、「なぜ人が苦悩を選ぶのか」と尋ねている。誰も苦悩など選んでいない。人の選ぶのは、苦悩のないことであり、幸福であることだ。どうしても幸福になりたい。それこそが苦悩のもとであり、不幸のもとだ。

ではどうしたらいいか。生というものは全体だ。選択はできない。だから生全体を生きる。幸福なときもあれば、苦しいときもある。その両方を生きるのだ。選択はできない。生とはその両方だ。さもないとリズムがなくなってしまう。リズムなしに生は存在しない。

それはちょうど音楽のようなものだ。音楽には、音符つまり音がある。そして音の後には静寂つまり間《ま》がある。その「静かな間」と「音」があって、その対極があって、音楽が存在する。だから、「私は音だけを選ぶ。間はいらない」というわけにはいかない。そうしたら音楽はなくなってしまう——単調なもの、死んだものとなってしまう。そうした間が、音に生命を与える。対極を通じて存在することこそが、生の美だ。音と静寂、音と静寂、それが音楽やリズムを作り出す。生についても同様だ。苦悩と幸福とは対極だ。選択するわけにはいかない。

もし選んだりすれば、あなたはその犠牲となり、苦悩することになる。しかしもしあなたが、この対極性の全体と、生の動き方に気づけば、もはや選択することがなくなる。これが第一点。そしてもし選ばなければ、執着する必要がなくなる。執着する意味がなくなる。苦悩が来ればその苦悩を楽しみ、幸福が来ればその幸福を楽しむ。家に客が来ればその客を楽しみ、客が去ればその不在の痛みや苦悩を楽しむ。その両方を楽しむ。これこそが知恵の道だ。その両方を楽しみ、選んだりしない。自分の上に落ちかかってくるすべてを受け入れる。それは自分の宿命だ。生とはこういうものだ。それについてはどうしようもない。

こういう姿勢を取ったら、もう選択は存在しない——無選択になっている。無選択であるとき、あなたは自己を意識するようになる。もはや何が起こるか気にならない。だから注意が外に向かわなくなる。もはや周囲に起こることが気にならない。何が起ころうと、それを楽しみ、それを生き、それをくぐりぬけ、それを体験し、そこから何かを得る。どんな体験でも意識の拡張となる。

まったく何の苦悩もなかったら、あなたは貧しくなる。苦悩というものはあなたに深みを与える。苦悩してこなかった人間は、いつまでも表面的だ。苦悩は人に深みを与える。苦悩のない人間は味気ない。そんな人間は、まったく取るに足らぬ退屈な現象だ。苦悩は人に、陰影や鋭さを与える。苦悩によって初めて現れる性格というものがある。幸福からは得られないような性格だ。いつも幸福や安楽の中にいて、苦悩したことのない人間には、陰影というものがない。彼は一塊の存在でしかない。深みというものがない。実際のところ、彼にはハートがない。ハートというものは、苦悩を通じてつくりだされる。痛みを通じて、あなたは進化する。

また苦悩ばかりで、何の幸福も知らない人間もまた、豊かではない。豊かさは対極から現れる。対極間を動けば動くほど、高く、深く、進化する。苦悩しか知らない人間は奴隷になる。幸福なひとときをまったく知らない人間は、真の意味で生きていない。一個の動物となる。どうにかこうにか存在しているというだけだ。そのハートには詩も歌もなく、その目に希望はない。自らの悲観的な存在の中に落ち着いてしまう。何の奮闘もなければ、何の冒険もない。動くことがない。そして意識の淀みとなってしまう。意識の淀みは意識的ではない。少しずつ無意識的になる。だからこそ苦痛が大き過ぎると、人は無意識になるのだ。

だからたんに幸福なだけでは、たいして役に立たない。そこには挑戦というものがない。また苦痛だけでも、たいした成長にはつながらない。そこには奮闘や、希望や、夢の対象がない。両方とも必要だ。そして生というものは、その両方の間に、ごく微妙な緊張関係として存在する。

このことを理解したら、もはや選択することはなくなる。もうあなたは、生の動き方を知り、生の在り方を知っている。これこそが生の在り方だ——幸福を通り、苦悩を通り、それによってあなたに陰影を与え、意味を与え、深みを与える。だから両方ともに良い。

両方ともに良い。だからその二つの間で選択してはいけない。逆に、両方を楽しむのだ。両方を起こるにまかせる。抵抗することなく、開放的《オープン》になる。一方に執着したり、他方に抵抗したりしない。

無抵抗を自分のモットーとする。私は生に抵抗しない。生のもたらすものすべてを、私は受け入れる。そしてそれを楽しむ。夜もまた良いものであるし、美しい。苦悩には苦悩の美がある。幸福には、苦悩の美がない。闇には闇の美があり、昼には昼の美がある。そこに比較はないし、選択もない。どちらにもそれぞれの意味がある。

この意識が生じるとき、あなたは選択をしない。ただ観照者であるだけだ。そして楽しむ。この無選択性が至福となる。至福は苦悩の反対物ではない。至福というのは一個の質であって、どんなものの中にも持ち込める。苦悩の中にもだ。

ブッダは苦しむことがない。だからといって苦悩が起こらないわけではない。苦悩は、あなたに起こると同じほど、ブッダにも起こる。でも彼は苦しむことがない。なぜならそれを楽しむ術を知っているからだ。彼は苦しむことがない。なぜなら彼は至福に満ちたままだからだ。苦悩の中でも、依然彼は、喜び祝い、瞑想的で、生き生きとし、楽しみ、開放的で、無抵抗的だ。苦悩は彼に起こる。でも苦悩は彼に触れない。苦悩は現れては去る――ちょうど息が入っては出るように……。彼は自分自身にとどまる。苦悩によって押し出されることはない。苦悩に押されて足場を失うことはない。何ものにも押されることがない――苦悩にも、幸福にも。ところがあなたは振り子のようなものだ。何にでも押される。何にでもだ。だから真に幸福になることもない。なぜなら、幸福のあまり死んでしまいかねないからだ。あなたはまったくそれに巻き込まれてしまう。

こんな話がある。貧しい校長の話だ。年老いて、貧しい、ある退職校長が、宝くじに当たった。

ところが妻は心配した、「これはあの年寄の心臓によくない。五千ドルといったらたいへんな額だ。五ドル札を見るだけでもう大喜びなのに、五千ドルなんていったら、死んでしまうかもしれない」

そこで妻は近くにあった教会に駆けつけ、司祭に尋ねた、「夫はいま留守なんですが、もうじき帰って来ます。だから何とかしなければ——。五千ドルなんて、聞いただけでも死んでしまいます」

司祭は言った、「心配いりません。私は人間の心というものをよく知っています。私は心理学を知っています。まあ私にまかせなさい」

そこで司祭は老人の家にでかけた。ちょうど老人も帰って来た。そこで司祭は切りだした、「もし宝くじで五千ドル当たったら、あなたはいったいどうしますか」

老人は腕組みをして考え込み、それから言った、「もし当たったら、その半分を教会に寄付します」

司祭はその場で息絶えた。

人は幸福によってさえも死んでしまう。それほどに巻き込まれてしまう。その外に立っていることができない。相手が何であれだ。苦悩であれ幸福であれ何であれ、門口にやってくると、もうそれに巻き込まれて、自分の足場を失ってしまう。あなたはもはやいなくなる。微風が家の中に吹き込んでくると、あなたはもはやいなくなる。

もし選ぶことがなければ、もし「これが生だ」と気づき、意識していられたら、昼や夜が現れては去り、苦悩や幸福が現れては去っても、あなたはただ観照するだけだ。もはや幸福への執着も、幸福への渇望もなく、また苦悩から逃げることもなく、ただ自分自身にとどまる——中心を据え、根づいて。これこそが至福だ。

だから至福は苦悩の対極ではない。「至福に満ちれば苦悩はない」などと考えてはいけない。そんなことはない。苦悩は生の一部だ。苦悩がなくなるのは、あなたがいなくなったときだけだ。体から完全にいなくなったとき、苦悩はやむ。もはや誕生がなくなるとき、苦悩はやむ。でもそうすると、あなたは全体の中に失われる。あなたはもはやいない。滴は大海の中に落ち、もはや存在しない。

あなたが存在するかぎり、苦悩は続く。それは生の一部だ。しかし、あなたは意識を保っている。すると苦悩は自分のまわりで起こるが、決して自分には起こらない。しかしまた、幸福も決して自分には起こらない。だから決して、幸福ばかり起こって苦悩は起こらないというわけではない。どちらもあなたには起こらない。それが起こるのは周辺部、表層部であり、あなたは自分に中心を据えている。そしてそれが起こるのを見、それが起こるのを楽しむ。それが起こるのは自分のまわりであって、自分に起こるのではない。

これが可能となるのは、選択しないときだ。だからこそ「これは微妙だ」と言うのだ。この生の逆説のせいで、あなたは幸福を選び、そして苦悩の中に落ちる。苦悩から逃れようとすることによって、余計に苦悩を呼び寄せる。だからこのことを究極の法則とすることだ――「何かを選べば、その対極が宿命的に現れる」。これこそが究極の法則だ、「何かを選べば、その対極が宿命的に現れる」

だから自分の宿命が何であろうと、それを身に引き寄せたのは、対極を選んだからだ。もし苦悩していたら、それを引き寄せたのは、幸福を選んだからだ。幸福を選んではいけない。そうすれば苦悩は消える。何も選んではいけない。そうすれば何もあなたには起こらない。すべては流れ行くものだ――あなたを除いては……。これを深く理解するように。

〈存在〉の中で永続的な要素はあなただけだ。永遠であるのはあなただけだ。あなたの意識は流れ行くものではない。

苦悩が現れる。あなたはそれを観照する。そして幸福が現れる。あなたはそれを観照する。そして何も現れない。あなたはそれを観照する。永続的であるものは唯一、観照だけだ。そして観照こそがあなただ。

かつてあなたは子供だった……あるいは、もっと前に遡れば、かつてあなたは一個の細胞だった。想像もできまい——自分が母親の子宮内の一細胞だったとは。肉眼では見えもしない。その細胞を目の前にもってこられても、自分がかつてこんなものだったとは想像もつくまい。それから子供になり、若者になり、そして今は老齢だ。あるいは死の床にあるかもしれない。いろんなことが起こった。自分の生涯全体はひとつの流れだった。何物も同じままではない——一瞬の後であっても。

ヘラクレイトスいわく、人は同じ川に二度と足を踏み入れることができない。この川というのは生の川のことだ。同じような瞬間は二度とない。過ぎ去った瞬間は反復できない。永久に去ってしまう。もはや回復できない。同じものは決して存在しない。この大いなる流れの中、あなたの内側で、いつまでも同じままであるのはただひとつ——それは観照だ。

もし母親の子宮の中で観照できたら、その意識の同質性がわかるだろう。もし子供だったころ観照できたら、その観照の同質性がわかるだろう。若かろうが死にぎわであろうが……もし死の床で観照できたら、その意識の同質性がわかるだろう。

自分の中深くにある唯一のもの、それは観照する自己であり、意識だ。それは同じままだ。それ以外のすべては変化する。もし変化する世界の中の対象物に執着したら、あなたはきっと苦悩する。それはどうしようもない。不可能なことをしようとすれば、苦悩も当然だ。もちろんあなたは苦悩など選ばない。でもそれは関係ない。苦悩するということは、それを間接的に選んでいるということだ。

いったん、生のこの間接性、生のこの逆説的な性格を理解したら、あなたは選択をやめる。選択が落ちるとき、世界は消え失せる。選択が落ちるとき、あなたは〈絶対〉へと入る。

でもそれが可能となるのは、選択的なマインドがすっかり消え失せたときだけだ。無選択の意識が必要だ。そうすればあなたは至福の中に入る。というよりも、あなたこそが至福だ。そしてもう一度繰り返すが、苦悩は引き続き起こる。でも、もはやあなたは何物にも苦悩しなくなる。たとえ突然、地獄に投げ込まれたとしても、あなたがそこに存在するだけで、あなたにとってそこはもはや地獄ではなくなる。


誰かがソクラテスに、「あなたはどこに行きたいか」と尋ねた。そこでソクラテスは答えた、「地獄や天国が存在するかどうか、私にはわからない。べつにどちらかひとつを選ぶ気もない。唯一、私の祈っていることは、どこに行こうと意識を保ちたいということだ。どこにいようとも、完璧な意識を保ちたい。それが地獄であろうと天国であろうと、どちらでもいい」

完璧に覚醒していれば、地獄は消え失せる。地獄とは意識のないことだ。完璧に意識していれば、天国が現れる。天国とは自分が完璧に意識しているということだ。

実際、天国や地獄といった、地理的な場所があるわけではない。いつまでも子供じみた考えに捕らわれていてはいけない――たとえば、「いつか自分が死んだら、地上における生前の行ないに従って、神が自分を天国か地獄に送る」とか……。

あなたは自分の地獄や天国を自らの中に持ち運んでいる。どこへ行こうとも、あなたは自らの地獄なり天国を自分の中に持ち運んでいる。

神でさえ、いかんともしがたい。どこかでばったり神に出会ったとしても、その神でさえ地獄のように見えるだろう。あなたは自分の中に自らの地獄を持ち運んでいるから、どこに行こうとも、それを投影してしまう。そして苦しむ。神との出会いでさえ、死のようなものであり、耐えられないものになる。意識を失ってしまうかもしれない。何であれ自分に起こるものを、あなたはすべて自分の中に持ち運んでいる。意識の種子は、全〈存在〉の種子だ。

だから覚えておくように。もし自分が苦しんでいるとしたら、それは自分の選択だ――意識的あるいは無意識的に、直接あるいは間接に、自分で選んでいることだ。それは自分の選択であり、自分の責任だ。ほかの誰にも責任はない。

でも私たちのマインド、私たちの混乱したマインドの中では、すべてが逆さまだ。もし自分が苦しんでいたら、それは他人のせいだ……。そうではない。あなたが苦しむのは自分のせいだ。誰もあなたを苦しめることはできない。それは不可能だ。たとえ誰かがあなたを苦しめたとしても、あなたは自分で選択して、その人間を通じて苦しんでいる。あなたが彼を選び、彼を通じて特定の型の苦悩を選んでいる。誰もあなたを苦しめることはできない。それはあなたの選択だ。ところが人はつねにこう考える――もし相手が変わってくれたら、もし相手が別のことをしてくれたら、自分は苦しまなくてすむのに……。

こんな話がある。ムラ・ナスルディンが、駐車していた車に自分の車をぶつけてしまった。それで調査用紙にいろいろ記入していた。その用紙の中にこんな欄があった――「相手方の車の運転手にはどんな責任があったか」。そこでムラは書いた、「車を別のところに駐車すればよかったのだ。あんなところに止めたから事故が起こった」

これこそ人々のしていることだ。いつも責任は相手にある。「相手があんなことをしなければ私は苦しまなかったのに」――。

そうではない。相手にはまったく何の責任もない。責任は自分にある。そして自分で意識的に責任を取らないかぎり、あなたは変わらない。「その責任は自分にある」と認識すれば、変化は容易に起こってくる。

もし苦しんでいるとしたら、それは自分の選択だ。これこそカルマの法則というものだ。それ以外の何物でもない。責任はすべて自分にある。何が起ころうとも――苦悩も幸福も、地獄も天国も――何が起ころうとも、究極的に、その責任はすべて自分にある。これこそがカルマの法則だ。全責任は自分にある。

でも恐れる必要はない。もし全責任が自分にあるとしたら、突然、自由の扉が開く。もし自分が自らの苦悩の原因ならば、それは変えられる。もし他人が原因ならば変えられない。どうして変えられるだろう。全世界が変わらないかぎり、あなたは苦しむ。そして他人を変えるのはじつに難しい。すると苦悩には際限がなくなる。

私たちはまったく悲観的だ。それでカルマの法則のような素晴らしい教えも、私たちに自由をもたらすというより、もっと重荷を負わせるものに解釈される。インドではカルマの法則は、少なくとも五千年前から知られている。ところがそれがどうなっているか。人々が自分で責任を取るようにはなっていない。そうではなく、全責任をカルマの法則になすりつけてしまう。いわく、これこれが起こるのはカルマの法則のせいであって、自分たちにはどうしようもない――今生がこれこれであるのは、過去生のせいだ。

カルマの法則は人を自由にするためにあった。自己自身に対する全面的な自由をもたらすためにあった。その意味は、「他人は誰もあなたに苦悩をもたらせない」ということだった。もし苦しんでいたら、それは自分で生み出したのだ。自分こそが自分の運命の主人だ。もし変えたかったら、直ちに変えることができる、そしてその生は別物になる。

こんな話がある。友人同士が語り合っていた。一人は生粋の楽観論者で、一人は生粋の悲観論者だった。でも現状に対しては、楽観論者もあまり楽観的でなかった──「このまま経済危機や政情不安が続き、そして世界がずっとこのまま不道徳的だったら、遠からず私たちは乞食になってしまう」

楽観論者でさえ、その見通しは明るいものでなかった。その彼が「私たちは乞食になってしまう」と言うと、悲観論者の方が言った、「いったい誰からだ。いったい誰から乞食をするんだ──もし状況がこのままだったら」

あなたにはマインドがあり、そのマインドをどこまでも持ち運ぶ。どんな教えを聞いても、それを別物に変えてしまう。ブッダやクリシュナも簡単に打ち負かしてしまう。すべてを自分自身の仕方で変形し、色付ける。

自分自身の有様《ありよう》や自分の住んでいる世界の有様に対して、あなたには全責任がある。それはあなたの創造物だ。もしそれが自分の中深くまで徹底されれば、あなたはすべてを変えられる。苦しむ必要がなくなる。選ばずに観照者であればいい。そうすれば至福が起こる。至福とは死んだ状態ではない──きっと苦悩はあなたの周りに続くことだろう。問題なのは、自分に何が起こるかではなく、自分がどう在るかということだ。究極的な「意味」は、すべて自分の中にあるのであって、出来事の中にあるのではない。

◎……………最後の質問

昨夜、退屈についてのお話がありました。では開化した社会の場合どうなるでしょう。というのも、社会を維持するには、誰かが退屈で単調で反復的な労働を行なわねばならないからです。

再び言うが、何事も退屈ではない。何事も反復的でもなければ単調でもない。退屈なのはあなたの方だ。そしてあなたは、自分の姿勢を行為のすべてに持ち込む。行為そのものは、退屈でも非退屈でもない。それを退屈にしたり非退屈にするのは、あなただ。また同じ行為が、この瞬間には退屈であっても、次の瞬間には至福に満ちているかもしれない。それはべつにその行為が変わったからではなく、自分の気分、つまりその行為の中に持ち込んだ姿勢が変わったからだ。だからよく言っておくが、あなたが退屈するのは、反復的行為のせいではない。むしろその逆に、自分が退屈であるからこそ、行為が反復的に感じられるのだ。

たとえば、子供たちは好んで同じ事を繰り返す。子供たちは同じ遊びを何度も何度も繰り返す。あなたならきっと退屈するだろう。「いったい何をやっているんだ――同じ遊びを何度も何度も」。あるいは、子供たちは同じ話を何度もせがむ。そしてそのたびに喜び、もう一度話してくれと言う。

いったいどういうことか。あなたにはそれがわからない……愚かに見える。でもそうではない。子供たちは活気に満ち満ちているから、反復的なものは何もない。あなたは死んでいるから、すべてが反復的だ。子供は同じ遊びをいつまでも繰り返す。一日中でも続けられる。それをやめさせようものなら、泣いたりわめいたりして、それに抵抗する――遊びのじゃまをするなというわけだ。いったい一日中何をやっているのか、あなたには理解できない。

子供は意識の質が異なっている。子供にとっては、反復的なものは何もない。子供は物事をころから楽しむ。まさにその「楽しむこと」が物事の質を変える。そして子供は再びそれを楽しむ。今度はもっとそれを楽しむ。なぜなら、もうそのやりかたを知っているからだ。そして三回目にはさらにもっと楽しむ。なぜなら、すべてがもうおなじみだからだ。子供はいつまでも楽しみ続ける。その楽しみは倍加していく。ところがあなたの場合、楽しみは減っていく。

なぜそうなるのか。行為そのものが退屈なのか、それともあなたの存在の有様、意識の有様に問題があるのか。

別の方向から見てみよう。恋人同士は同じ行為を毎日繰り返している。キスしたり、抱き合ったり、同じことをしている。永遠に続けてもいいくらいだ。二人に時間を与えたら、それこそこの世の終わりまで繰り返しているだろう。見ている方が飽きてしまう。いったい何をしているのか——毎日毎日同じことを……。一日自由にしてやれば、ずっと抱き合ったり、愛し合ったり、キスしたりといった具合だ。いったい何をしているのか。

恋人たちは再び子供になる。だからこそ、愛というのはかくも無垢なのだ。愛はあなたを再び子供にする。二人はゲームを楽しんでいる。成熟という名のゴミクズは捨てられ、二人は互いの体で遊んでいる。二人にとっては何事も繰り返しでない。一回一回のキスが、まったく新しく、かけがえのないものだ——かつてこんなキスはなかったし、これからも決してない。愛の一瞬一瞬は、それぞれが独自であり、反復的なものではない。だからこそ恋人たちはいつまでも楽しみ続けるのだ。

収益逓減《ていげん》という経済法則は、愛には当てはまらない。愛に、収益逓減の法則は存在しない。かえって収益は増加する。だからこそ経済学者には愛が理解できない。数学者には愛が理解できない。計算が得意な人間には愛が理解できない。不条理だからだ。愛はあらゆる法則、あらゆる数学に反抗する。愛は増え続ける。

私が学生だったころ、ある授業で、経済学の教師が収益逓減の法則について説明していた。そこで私は、愛についてはどう思うか尋ねた。すると教師は怪訝《けげん》な顔をする。それで私は言った、「愛については逆の法則、つまり収益増加の法則が適用されます」。すると彼は言う、「君はもう来なくていい。君に経済学は理解できない」。また彼は言った、「この法則は普遍的だ」。そこで私は言った、「普遍的なはずはない。愛はいったいどうなります」

私たちの目から見ると、恋人同士は同じことを繰り返しているようだ。でも二人にとってみれば、それは繰り返しではない。しかし娼婦には、経済法則が適用される。娼婦にとっては、愛は愛ではなく、商品だ。売り買いされるものだ。だから客が娼婦にキスをするとき、彼女にとってそれは退屈であり繰り返しであり、やがてきっと言うだろう、「馬鹿馬鹿しい。もううんざりだ、一日中キスしたりされたり。もう耐えられない」。彼女にとって、それは反復的な行為だ。

この違いこそ私の言っていることだ。恋人にとっては反復ではないが、娼婦にとっては反復だ。実際のところ、反復的であるのは、行為そのものではなく、その行為の中に持ち込む自分の姿勢だ。何をするにせよ、それを愛していれば、何事も反復的ではない。その行為を愛していれば、そこに退屈はない。でもあなたは愛していない。

私は毎日語り続ける。際限なく語っていられる。私はそれを愛している。私にとってそれは反復的なものでない。永遠の昔から永遠の先まで語り続けていられる。あなたのハートとの交流は、私にとって愛だ。反復的行為ではない。そうでなければ退屈するだろう。

こんな話がある。小さな子供が、ある日曜日、両親といっしょに教会へ行った。そして次の日曜日も、また次の日曜日も……。その三度目の日曜日、小さな子供は父親に尋ねた――「きっと神様は退屈しているだろうね、教会に来るのはいつも同じ顔だもん。日曜日は今日で三回目だけど、いつも同じ顔……。きっと神様は退屈しているよ、日曜日ごとに同じ人々が繰り返し繰り返しやって来るんだから」

でも神は退屈していない。〈存在〉全体はずっと繰り返してきた。私たちの目には繰り返しと映るだろうが、もし神のような全面的《トータル》な存在者がいたら、きっと退屈しはしない。もし退屈したら、繰り返す必要はない。止めればいい。「もういい」と言えばいい。「おしまいだ」と言えばいい。でも彼は退屈しない。なぜか。愛しているからだ。起こることすべてが、彼の愛だ。彼は創造者だ。労働者ではない。創造者だ。

ピカソのような人間は退屈しない。彼は創造者だ。自分の行為が創造になれば、人は退屈しない。行為が創造となるのは、それを愛しているときだ。しかし、そもそもの問題点は次のことだ。

あなたが自分の行為を愛せないのは、自分自身を憎んでいるからだ。それこそが問題だ。だから何をしようと、あなたはそれを憎む。もともと自分を憎んでいるからだ。

あなたはまだ自分を受け入れていない。あなたはまだ〈存在〉に対し、自分の存在を感謝していない。神に対するこころからの感謝がない。逆に恨みを抱いている。「なぜ私を創ったのか」。こころの奥底で問い続けている、「なぜ私は存在へと投げ込まれたのか。いったい何の目的で」。考えてごらん。もしどこかで神に出会ったら、あなたは最初に何を尋ねるだろうか。たぶんこう尋ねるだろう、「なぜ私を創造したのか。苦しめるためか。悩みを与えるためか。徒《いたずら》に生から生へと彷徨《さまよ》わせるためか。なぜ私を創造したのだ。さあ答えてほしい！」

あなたは自分を受け入れていない。だとしたら、どうして自分の行為を受け入れられるだろう。要は自分を愛することだ。あるがままの自分を受け入れることだ。行為は第二義的なものだ。行為は自分の存在から溢れ出てくる。もし私が自分を愛していれば、何をしようと私はそれを愛する。もしその行為を愛していなかったら、私はそれを止める。続ける必要がどこにあるだろう。

でもあなたは愛していない。源泉が愛されていないのだから、その産物も愛されることがない。何をしようと――自分が技師だろうと、医者だろうと、薬剤師だろうと、科学者だろうと、何をしても、あなたはその中に憎しみを持ち込む。その憎しみが行為を反復的にする。あなたはそれを憎んでいる、そしてなぜそれをしているのか口実を探し求める――「これをやっているのも、妻のためだ。子供のためだ」。そしてあなたの父親もそれをあなたのためにやり、そのまた父親もその子のためにやった。またあなたの子供もそれを子供のためにやり、誰も生を楽しまない。

これは欺瞞だ。あなたはただの臆病者だ。そこから逃れられない。なぜならそれによって、安全や、保障や、収入や、銀行預金がもたらされるからだ。臆病者だからこそ、それを捨てて自分の好きなことをすることができない。それであなたは、すべてを子供や妻の上にのせる、そして相手もまた同じことをする。

子供に聞いてごらん。子供は学校に行っている。でも退屈している――「自分が学校に行くのは父親のためだ。行けば父親が喜ぶ。もし行かなければとても悲しむ」。そして妻はどうか。彼女はすべてを、あなたと子供のためにやっている。だから誰も、真に自分自身のためには生きていない。あまり自分を愛していないので、自分自身のためには生きられないのだ。するとすべてがおかしくなる。源泉が毒されているから、その源泉から生じるものすべてが毒されている。

また、別の仕事だったら愛せるというわけでもない。あなたは自分の姿勢をその仕事にも持ち込む。始めのうちは興奮するかもしれない。何か新しいものがある。でもそのうち、それに慣れてしまい、また同じことが始まる。

だから自分自身を変えることだ。自分自身を愛し、何であれ自分のすることを愛する――それがどんなに小さなことであってもだ。

こんな逸話を思い出した。アブラハム・リンカーンが大統領になったときの話だ。第一日目、上院を開会しようとしたとき、彼の成功を妬んだ人間が立ち上がって、リンカーンに言った、「リンカーンよ、あなたの父親が靴屋だったことを忘れるな」

これはまったく関係のない、馬鹿げたことだ。さらにその人間はこう言った、「あなたの父親は靴屋だった。よく我が家の靴を作ったものだ。そのことを忘れるな」

これは侮辱しようと思ってのことだ。上院全体が笑いに包まれた。みんな妬んでいた。心の底では誰もが思っていた、「あの椅子は私のものだ、それをあの男がさらっていった」。人間の心というものは、誰かが成功したら、「あいつは狡いやり方で成功した」と考える。ところが自分が成功すれば「それは正当だ」となる。こうして私たちは他人の成功に対処する。「あいつが成功したのは、狡い手を使ったからだ」——こうして私たちは他人の成功を容《ゆる》し、自らを慰める。それで上院中が笑いに包まれた。

でもリンカーンは素晴らしいことを言った。「父のことを思い出させてくれてありがとう。父は確かに靴屋だった。でもあのような靴屋には、私もお目にかかったことがない。彼は創造者だった。靴作りを愛していた。彼に比べると、私は自分のことを成功者だとは思えない。彼が靴作りを愛したほどに、私は大統領の座を愛していない。ところが彼はそれを楽しみ、至福に満ちていた。靴屋として父は至福に満ちていた。それに比べると、大統領の座にいて私は至福に満ちていない」

「でもなぜあなたは今、父のことを思い出させたのか」、アブラハム・リンカーンは言った、「確かに父はあなたの家の靴を作っていた。でも苦情は一度もなかった。つまり履き心地がよかったということだろう。でもあなたは今、父のことを語った――唐突に。ということはつまり、まだ靴が痛いということだろう。私はその息子だ。修理してあげよう」

自分自身を愛している人間、自分自身の仕事を愛している人間は、別種の空気の中に生きる。その空気の中では何事も反復されない。反復が起こるのは、退屈した心《マインド》だけだ。だから「自分が退屈しているのは反復的行為のせいだ」などと言ってはいけない。行為が反復的に感じられるのは、自分が退屈しているからだ。退屈していれば、何をしようと反復的に感じられる。

生を見てごらん。生は反復を楽しんでいる。季節は輪を描いて動いている。太陽は輪を描いて動いている。毎日だ。毎朝、太陽は昇る。夏がきて、冬がきて、雨期がくる――季節はめぐる。ある深い仕方で、〈存在〉はすべて反復的に動いている。どうやら創造というのは、ちょうど子供の遊びのようなものらしい。木々は退屈していないし、空も退屈していない。「何だ、また雲か」

などと決して言わない。何千年も何千年も、空は雲を見てきた。雨期が来れば雲が現れ、そして去っていく。生を見てごらん。生は反復的だ。

その言葉がよくない。「反復的」という言葉がよくない。それよりも「同じゲームをやっている」と言った方がいい。それがじつに楽しいから、再び繰り返したくなる。そしてそれは増え続ける。絶頂に向かって進んでいく。ところがなぜ人間は反復に退屈するのか。それは反復が退屈だからではない。自分の方が退屈しているから、何でも退屈になるのだ。

あるとき、こんなことがあった。ジークムント・フロイトが患者に質問していた。精神分析に入る前の、準備的な質問だった。「あの本棚をごらんなさい。あれを見て、まず何を思い出しますか」

男は本に目をやり、たいして見もせずに言った、「女を思い出します。美しい女です」。これはフロイトに好都合だった。というのも、彼の理論によれば、すべてが性的だからだ。そこで彼は言った、「よろしい」。それから自分のハンカチを取り出して言った、「これをごらんなさい。これを見てまず思い出すのは何ですか。心に浮かぶものを何でも言ってください」

男は笑って言った、「美しい女です」

フロイトは大喜びだった。まさに持論の通りだ――「すべての人間は基本的にセックスだけに関心がある」、それが彼の持論だった。男は女のことを考え、女は男のことを考える。それが思考のすべてだ。

　そしてフロイトは言った、「戸口をごらんなさい」。戸口には誰もいなかった。外の通りにさえ人っこひとりいなかった。フロイトいわく、「ごらんなさい。誰もいない。この不在については、どう感じますか。まず何を思い出しますか」

　男は言った、「美しい女です」

　さてフロイトでさえ少し怪訝に思い始めた、「はたしてこの男は私をかつごうとしているのか」。それで言った、「変ですねえ。何を見ても女を思い出すとは」

　男は言った、「どれも同じです。本棚であろうと、ハンカチであろうと、誰もいない戸口であろうと、どれも同じです。私は女のことしか考えないんです。それ以外は考えません。だから何を聞かれようと関係ないんです。私は女のことしか考えない。だからべつに、何を見ても女を思い出すということではなく、私が女のことしか考えないということです。思い出すうんぬんの問題ではありません」

　だから実際のところ、「この行為が退屈だ」とか、「あの行為が退屈だ」とか、「繰り返しや、単調さや、長たらしい仕事が退屈だ」とかいったことは関係ない。本当のところは、あなたが退屈しているのだ――何をするかに関係ない。たとえば、ただ椅子に座ってくつろいでいると退屈する。何もすることがないと退屈する。そして言う、「何もすることがないから退屈する。何もすることがない、まったく退屈だ」。月曜から金曜まで、つまらない仕事に退屈していた。そして週末になると、することがなくて退屈する。一生の間、工場や、会社や、店での反復的な仕事のせいで、あなたは退屈している。その後、退職すると、今度はすることがなくて退屈する。

これは対象物のせいではない。べつに何かがあなたの中で退屈を作っているわけではない。あなたこそが退屈しているのだ。そしてあなたはその退屈を、自分の触れるものすべてにもたらす。ミダス王の話を聞いたことがあるだろう――触れるものすべてが黄金になる。あなたもまたミダス王だ。触れるものすべてが退屈になる。あなたの一触れは錬金術的な一触れだ。すべてを退屈に変えてしまう。すべてをだ。

だから仕事や行為を変えようとするより、自分の意識の質を変えることだ。自分自身に対し、もっと愛情深くなる。それが覚えておくべき第一点だ。自分自身に対してもっと愛情深くなる。道徳家たちは世界をすっかり毒している。いわく、「自分自身を愛してはいけない。それは利己主義だ」。そしていわく、「他人を愛するのだ。自分自身を愛してはいけない。自己に対する愛は罪だ」

でも私に言わせれば、そんなものはまったくのたわごとだ。たわごとであるばかりではない。危険なたわごとだ。自分自身を愛していなければ、ほかの誰も愛せない。不可能だ。自分への愛を持っていない人間は、誰に対する愛も持つことができない。自分自身への愛を持って初めて、その溢れるばかりの愛が他人に到達する。

自分を愛したことのない人間は、自分を憎む。自分を憎んでいる人間が、どうして他人を愛せるだろう。そんな人間は他人をもまた憎む。装うのがせいぜいだ。また、自分を愛せなかったら、どうして他人からの愛を期待できるだろう。誰もが自分を罪悪視している。およそ道徳的な教えによってもたらされるものはただひとつ、それは自己罪悪視の技法だ。いかに自分を罪悪視するか、いかに自分は悪か、犯罪的か、やましいか、罪人か。

キリスト教によれば、あなたが罪人であるのは、その行ないに関係ない。あなたは生まれつき罪人だ。罪を犯した否かは関係なく、生まれつきの罪人だ。あなたは罪の中に生まれつく。最初の人間であるアダムが罪を犯した。あなたはその子孫だ。もう罪は犯されてしまった。もはやどうしようもない。犯されたものは犯された。そしてあなたは罪の中、アダムの罪の中に生まれつく。

もし罪の中に生まれついたら、どうして自分を愛せるだろう。自分の存在そのものが罪悪だったら、どうして自分を愛せるだろう。もし自分を愛せなかったら、ほかの誰も愛せない。愛はまず「わが家」で起こるものだ。わが家とは自分のことだ。そうして初めて、愛は溢れ出し、他人へと達する。そしてそれが溢れ出すとき、それは自分の行為の中に溢れ出す。自分のすることすべての中に溢れ出す。絵を描くこと、靴を作ること、あるいは通りを掃除すること、その他、何でも、もしそれを深く愛していたら、また自分を深く愛していたら、その愛は自分のすることすべてに溢れ出す。何もしていないときでさえ溢れ出す。それは絶えず溢れ出し、自分の〈存在〉そのものとなる。そうすれば退屈なものは何もなくなる。

人々は私のもとへやって来る。友人たちは私のもとへやって来て、気づかってくれる、「一日中座っていて、窓から外を見もせず、退屈しませんか」。私は自分自身とともにいる。どうして退屈するのか。彼らいわく、「ただひとり座っていて、退屈しませんか」

もし自分を憎んでいたら、退屈もするだろう。なぜなら、憎んでいる相手とはとても一緒に住めないからだ。自分に退屈している人は、一人ではいられない。一人でいたら、ほんのしばらくで、いらいらしてくる。落ち着きがなくなる。居心地が悪くなる。それで誰かと会いたくなる。自分と一緒にはいられない。自分を相手にしていたら退屈で仕方がない。自分の顔を見ることもできない。自分の手に愛情深く触れることもできない。不可能だ。

彼らは私に尋ねる——その質問は彼ら自身にとっては当たり前のことだ、なぜなら彼らは一人でいると退屈するからだ——彼らは尋ねる、「たまには外に出ないんですか」。その必要はない。また彼らはこうも尋ねる、「人々がやって来ては、いつも同じことを質問するのに、退屈しませんか」

誰もが同じ問題を持っている。あなたがたはみな、まったく非独創的だから、独創的な質問すら作り出せない。誰もが同じ問題を持っている。愛について、セックスについて、心の平安について、頭の混乱について、あるいは、心理的なこと、病理的なこと、その他……人間というものは七つの範疇に容易に分類できる。そして質問も同じだ。七種類の基本的な質問があり、人々はいつもそれについて尋ねる。それで友人たちは尋ねるわけだ、「退屈しませんか」

私は決して退屈しない。各人はそれぞれ私にとってかけがえのないものだ。それぞれが別々の人間だから、その持ってくる質問も繰り返しではない。それぞれの状況が違っているし、人間も違っている。あなたはあなたの愛の問題でやってくるし、彼は彼の愛の問題でやってくる。一見すると同じようでも、同じではない。二個人はまったく違っている。その違いが質問の質を変える。

だから分類しようとすれば、七つに分かれるだろうが、私は決して分類しない。各人は、みな唯一無二《ユニーク》のものだから、ほかの人間とは一緒にできない。範疇というものは作れない。しかし、各人がどの点でユニークであるか見抜くには、非常に鋭い意識が必要だ。表面上ではみな似通っている。

表面上ではみな似通っており、同じ問題をかかえている。しかし、もし深くまで洞察すれば、もし鋭い意識をもってその人間のもっと深い核まで進めば、深く行けば行くほど、もっと独自で、個別的で、ユニークな現象が出現する。その中心まで見ることができれば、あなたの前にいる人間は反復不能だ。その人間は、かつて決して存在しなかったし、これからも決して存在しない。まさにユニークだ。そのユニークな人間の神秘は、あなたを圧倒する。

どうやって洞察するかを知れば、また、どうやって愛に満ち、鋭い意識を持つか知れば、もはや何物も反復ではない。そうでなければ、すべては反復的だ。なぜ退屈するかといえば、退屈を生み出す意識を持っているからだ。意識を変えれば、退屈はなくなる。でもあなたはいつも対象を替える。それでは何の変わりもない。

VIGYAN
BHAIRAV
TANTRA

タントラ秘法の書　第八巻

存在とひとつに

ヴィギャン・バイラヴ・タントラ

1997年4月21日　初　版　第1刷発行
2014年3月21日　改装版　第1刷発行

講　話／OSHO
翻　訳／スワミ・アドヴァイト・パルヴァ(田中ぱるば)
照　校／マ・アムリッタ・テジャス
カバーデザイン／スワミ・アドヴァイト・タブダール
発行者／マ・ギャン・パトラ

発行所 ■ 市民出版社
〒168—0071
東京都杉並区高井戸西—2—12—20
電　話 03—3333—9384
F A X 03—3334—7289
郵便振替口座：00170—4—763105
e-mail：info@shimin.com
http://www.shimin.com
印刷所 ■ シナノ印刷株式会社

Printed in Japan

ISBN978-4-88178-195-1 C0010 ¥2200E

日本各地の主なOSHO瞑想センター

OSHOに関する情報をさらに知りたい方、実際に瞑想を体験してみたい方は、お近くのOSHO瞑想センターにお問い合わせ下さい。

参考までに、各地の主なOSHO瞑想センターを記載しました。尚、活動内容は各センターによって異なりますので、詳しいことは直接お確かめ下さい。

◆東京◆

・**OSHOサクシン瞑想センター**　Tel & Fax 03-5382-4734
マ・ギャン・パトラ　〒167-0042　東京都杉並区西荻北1-7-19
e-mail osho@sakshin.com　http://www.sakshin.com

・**OSHOジャパン瞑想センター**
マ・デヴァ・アヌパ　Tel 03-3703-6693
〒158-0081　東京都世田谷区深沢5-15-17

◆大阪、兵庫◆

・**OSHOナンディゴーシャインフォメーションセンター**
スワミ・アナンド・ビルー　Tel & Fax 0669-74-6663
〒537-0013　大阪府大阪市東成区大今里南1-2-15 J&Kマンション302

・**OSHOインスティテュート・フォー・トランスフォーメーション**
マ・ジーヴァン・シャンティ、スワミ・サティヤム・アートマラーマ
〒655-0014　兵庫県神戸市垂水区大町2-6-B-143
e-mail j-shanti@titan.ocn.ne.jp　Tel & Fax 078-705-2807

・**OSHOマイトリー瞑想センター**　Tel & Fax 078-412-4883
スワミ・デヴァ・ヴィジェイ
〒658-0000　兵庫県神戸市東灘区北町4-4-12 A-17
e-mail mysticunion@mbn.nifty.com　http://mystic.main.jp

・**OSHOターラ瞑想センター**　Tel 090-1226-2461
マ・アトモ・アティモダ
〒662-0018　兵庫県西宮市甲陽園山王町2-46　パインウッド

・**OSHOインスティテュート・フォー・セイクリッド・ムーヴメンツ・ジャパン**
スワミ・アナンド・プラヴァン
〒662-0018　兵庫県西宮市甲陽園山王町2-46　パインウッド
Tel & Fax 0798-73-1143　http://homepage3.nifty.com/MRG/

・**OSHOオーシャニック・インスティテュート**　Tel 0797-71-7630
スワミ・アナンド・ラーマ　〒665-0051　兵庫県宝塚市高司1-8-37-301
e-mail oceanic@pop01.odn.ne.jp

◆愛知◆

・**OSHO 庵瞑想センター** Tel & Fax 0565-63-2758
スワミ・サット・プレム 〒444-2326 愛知県豊田市国谷町柳ヶ入２番
e-mail alto@he.mirai.ne.jp

・**OSHO EVENTS センター** Tel & Fax 052-702-4128
マ・サンボーディ・ハリマ
〒465-0058 愛知県名古屋市名東区貴船 2-501 メルローズ 1 号館 301
e-mail: dancingbuddha@magic.odn.ne.jp

◆その他◆

・**OSHO チャンパインフォメーションセンター** Tel & Fax 011-614-7398
マ・プレム・ウシャ 〒064-0951 北海道札幌市中央区宮の森一条 7-1-10-703
e-mail ushausha@lapis.plala.or.jp
http:www11.plala.or.jp/premusha/champa/index.html

・**OSHO インフォメーションセンター** Tel & Fax 0263-46-1403
マ・プレム・ソナ 〒390-0317 長野県松本市洞 665-1
e-mail sona@mub.biglobe.ne.jp

・**OSHO インフォメーションセンター** Tel & Fax 0761-43-1523
スワミ・デヴァ・スッコ 〒923-0000 石川県小松市佐美町申 227

・**OSHO インフォメーションセンター広島** Tel 082-842-5829
スワミ・ナロパ、マ・ブーティ 〒739-1733 広島県広島市安佐北区口田南 9-7-31
e-mail prembhuti@blue.ocn.ne.jp http://now.ohah.net/goldenflower

・**OSHO フレグランス瞑想センター** Tel & Fax 0846-22-3522
スワミ・ディークシャント、マ・デヴァ・ヨーコ
〒725-0023 広島県竹原市田ノ浦 3 丁目 5-6
e-mail: info@osho-fragrance.com http://www.osho-fragrance.com

・**OSHO ウツサヴァ・インフォメーションセンター** Tel 0974-62-3814
マ・ニルグーノ 〒878-0005 大分県竹田市大字挟田 2025
e-mail: light@jp.bigplanet.com http://homepage1.nifty.com/UTSAVA

・**OSHO インフォメーションセンター沖縄** Tel & Fax 098-862-9878
マ・アトモ・ビブーティ、スワミ・アナンド・バグワット
〒900-0013 沖縄県那覇市牧志 1-3-34 シティパル K302
e-mail: vibhuti1210@gmail.com http://www.osho- okinawa.jimdo.com

◆インド・プネー◆

OSHO インターナショナル・メディテーション・リゾート

Osho International Meditation Resort
17 Koregaon Park Pune 411001 (MS) INDIA
Tel 91-20-4019999 Fax 91-20-4019990

http://www.osho.com
e-mail : oshointernational@oshointernational.com

＜OSHO 講話 DVD 日本語字幕スーパー付＞

■価格は全て税別です。※送料／DVD 1 本¥250　2～3 本¥300　4～5 本¥350　6～10 本¥450

■過去生とマインド—意識と無心、光明—

過去生からの条件付けによるマインドの実体とは何か。どうしたらそれに気づけるのか、そして意識と無心、光明を得ることの真実を、インドの覚者OSHOが深く掘り下げていく。ワールドツアー中の緊迫した状況で語られた、内容の濃さでも定評のあるウルグアイでの講話。「マインドの終わりが光明だ。マインドの層を完全に意識して通り抜けた時、初めて自分の意識の中心に行き着く」

●本編 85 分　●￥3,800（税別）● 1986 年ウルグアイでの講話

■道元 4—導師との出会い・覚醒の炎—

道元の「正法眼蔵」をベースに語られる、導師と弟子との真実の出会い。「師こそが＜道＞だ……すぐれた師に出会うことは最も難しい。ひとたび悟りを得た人を見たら、あなたの内側に途方もない炎が突如として花開き始める」
ゆったりと力強いOSHOの説法は、ブッダの境地へと誘う瞑想リードで締めくくられる。

●本編 2 枚組 139 分　●￥4,380（税別）● 1988 年プネーでの講話

■道元 3— 山なき海・存在の巡礼—

『正法眼蔵』曰く「この世にも天上にも、すべての物事にはあらゆる側面がある。しかし人は実際の体験による理解を経てのみ、それを知り体得できる」自己の仏性と究極の悟り、真実のありさまを語る。●本編 2 枚組 123 分　●￥3,980（税別）● 1988 年プネーでの講話

■道元 2—輪廻転生・薪と灰—

惑星的、宇宙的スケールで展開される、輪廻転生の本質。形態から形態へと移り行く中で、隠された形なき実存をいかに見い出すか——アインシュタインの相対性原理、日本の俳句、ニルヴァーナと多彩な展開。●本編 113 分　●￥3,800（税別）● 1988 年プネーでの講話

■道元 1—自己をならふといふは自己をわするるなり—

日本の禅に多大な影響を及ぼした禅僧・道元。あまりに有名な「正法眼蔵」を、今に生きる禅として説き明かす。「なぜ修行が必要なのか」——幼くしてこの深い問いに悩まされた道元の求道を語る。　●本編 103 分　●￥3,800（税別）● 1988 年プネーでの講話

■苦悩に向き合えばそれは至福となる—痛みはあなたが創り出す—

「苦悩」という万人が抱える内側の闇に、覚者OSHOがもたらす「理解」という光のメッセージ。「誰も本気では自分の苦悩を払い落としてしまいたくない。少なくとも苦悩はあなたを特別な何者かにする」　●本編 90 分　●￥3,800（税別）● 1985 年オレゴンでの講話

■新たなる階梯—永遠を生きるアート—

これといった問題はないが大きな喜びもない瞑想途上の探求者にOSHOが指し示す新しい次元を生きるアート。　●本編 86 分　●￥3,800（税別）● 1987 年プネーでの講話

※ DVD、書籍等購入ご希望の方は市民出版社迄お申し込み下さい。（価格は全て税込です）
郵便振替口座：市民出版社　00170-4-763105
※日本語訳ビデオ、オーディオ、CD の総合カタログ（無料）ご希望の方は市民出版社迄。

発売 (株)市民出版社 www.shimin.com
TEL. 03-3333-9384
FAX. 03-3334-7289

＜OSHO 講話 DVD 日本語字幕スーパー付＞

■価格は全て税別です。※送料／ DVD 1 本￥250　2 ～ 3 本￥300　4 ～ 5 本￥350　6 ～ 10 本￥450

■ 大いなる目覚めの機会 — ロシアの原発事故を語る—

死者二千人を超える災害となったロシアのチェルノブイリ原発の事故を通して、災害は、実は目覚めるための大いなる機会であることを、興味深い様々な逸話とともに語る。その緊迫した雰囲気と内容の濃さで定評のあるウルグアイでの講話。「危険が差し迫った瞬間には、突然、未来や明日はないかもしれないということに、自分には今この瞬間しかないということに気づく」OSHO

●本編 87 分　●￥3,800（税別）● 1986 年ウルグアイでの講話

■ 禅宣言 2 —沈みゆく幻想の船—

深い知性と大いなる成熟へ向けての禅の真髄を語る、OSHO 最後の講話シリーズ。あらゆる宗教の見せかけの豊かさと虚構をあばき、全ての隷属を捨て去った真の自立を説く。「禅がふさわしいのは成熟して大人になった人々だ。大胆であること、隷属を捨てることだ——OSHO」

●本編 2 枚組 194 分●￥4,380（税別）● 1989 年プネーでの講話

■ 禅宣言 —自分自身からの自由—

禅の真髄をあますところなく説き明かす OSHO 最後の講話シリーズ。古い宗教が崩れ去る中、禅を全く新しい視点で捉え、人類の未来に向けた新しい地平を拓く。

●本編 2 枚組 220 分●￥4,380（税別）● 1989 年プネーでの講話

■ 内なる存在への旅 — ボーディダルマ 2 —

ボーディダルマはその恐れを知らぬ無法さゆえに、妥協を許さぬ姿勢ゆえに、ゴータマ・ブッダ以降のもっとも重要な＜光明＞の人になった。彼はいかなる気休めも与えようとせず、ただ真理をありのままに語る。傷つくも癒されるも受け手しだいであり、彼はただの気休めの言葉など一言も言うつもりはない。どんな慰めもあなたを眠り込ませるだけだ。（本編より）

●本編 88 分　●￥3,800（税別）● 1987 年プネーでの講話

■ 孤高の禅師 ボーディダルマ —求めないことが至福—

菩提達磨語録を実存的に捉え直す。中国武帝との邂逅、禅問答のような弟子達とのやりとり、奇妙で興味深い逸話を生きた禅話として展開。「“求めないこと” がボーディダルマの教えの本質のひとつだ」　●本編 2 枚組 134 分　●￥4,380（税別）● 1987 年プネーでの講話

■ 二つの夢の間に —チベット死者の書・バルドを語る—

バルドと死者の書を、覚醒への大いなる手がかりとして取り上げる。死と生の間、二つの夢の間で起こる覚醒の隙間——「死を前にすると、人生を一つの夢として見るのはごく容易になる」　●本編 83 分　●￥3,800（税別）● 1986 年ウルグアイでの講話

■ からだの神秘 —ヨガ、タントラの科学を語る—

五千年前より、自己実現のために開発されたヨガの肉体からのアプローチを題材に展開される OSHO の身体論。身体、マインド、ハート、気づきの有機的なつながりと、その変容のための技法を明かす。　●本編 95 分　●￥3,800（税別）● 1986 年ウルグアイでの講話

＜OSHO 既刊書籍＞ ■価格は全て税別です。

ヨーガ

魂のヨーガ — パタンジャリのヨーガスートラ

「ヨーガとは、内側へ転じることだ。それは百八十度の方向転換だ。未来へも向かわず、過去へも向かわないとき、あなたは自分自身の内側へ向かう。パタンジャリはまるで科学者のように人間の絶対的な心の法則、真実を明らかにする方法論を、段階的に導き出した——OSHO」

＜内容＞●ヨーガの純粋性　●苦悩の原因　●ヨーガの道とは　●正しい認識　●内側にいしずえを定める　●実践と離欲　他

■四六判並製　408頁　¥2,300（税別）　送料¥380

神秘家

愛の道 —神秘家カビールを語る

儀式や偶像に捉われず、ハートで生きた神秘家詩人カビールが、現代の覚者・OSHOと溶け合い、響き合う。機織りの仕事を生涯愛し、存在への深い感謝と明け渡しから自然な生を謳ったカビールの講話、初邦訳。

「愛が秘密の鍵だ。愛は神の扉を開ける。笑い、愛し、生き生きとしていなさい。踊り、歌いなさい。中空の竹となって、神の歌を流れさせなさい——OSHO」

＜内容＞●愛と放棄のハーモニー　●静寂の調べ　●愛はマスター・キー　他

■A5判並製　360頁　¥2,380（税別）　送料¥380

アティーシャの知恵の書（上）（下）
— あふれる愛と慈悲・みじめさから至福へ

チベット仏教の中興の祖アティーシャは、受容性と慈悲の錬金術とも言うべき技法を後世にもたらした。「これは慈悲の技法だ。あなたの苦しみを吸収し、あなたの祝福を注ぎなさい。 いったんあなたがそれを知るなら、人生には後悔がない。人生は天の恵み、祝福だ」——（本文より）

上巻■四六判並製　608頁　¥2,480（税別）　送料¥380

下巻■四六判並製　450頁　¥2,380（税別）　送料¥380

ラスト・モーニング・スター
—女性の覚者ダヤに関する講話

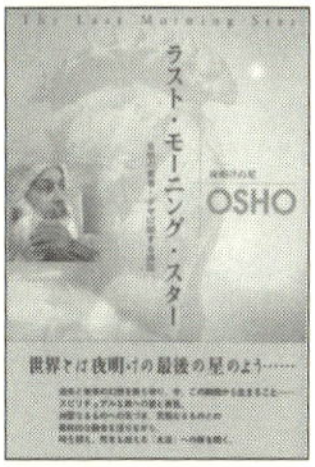

「世界とは、夜明けの最後の星のよう……」（本文より）

過去と未来の幻想を断ち切り、今、この瞬間から生きること——スピリチュアルな旅への愛と勇気、神聖なるものへの気づき、究極なるものとの最終的な融合を語りながら、時を超え、死をも超える「永遠」への扉を開く。

＜内容＞●全霊を傾けて　●愛は幾生も待機できる　●あなたの魂を受けとめて　他

■四六判並製　568頁　¥2,800（税別）　送料¥380

＜「シャワリング・ウィズアウト・クラウズ」姉妹書＞

シャワリング・ウィズアウト・クラウズ
—女性の覚者サハジョに関する講話

光明を得た女性神秘家サハジョの「愛の詩」に関する講話。女性が光明を得る道、女性と男性のエゴの違いや落とし穴に光を当てる。愛の道と努力の道の違い、献身の道と知識の道の違いなどを深い洞察から語る。

＜内容＞●愛と瞑想の道　●意識のふたつの境地　●愛の中を昇る　他

■四六判並製　496頁　¥2,600（税別）　送料¥380

＜「ラスト・モーニング・スター」姉妹書＞

■価格は全て税別です。

ガイド瞑想CD付 OSHO講話録

こころでからだの声を聴く
—ボディマインドバランシング

OSHOが語る実際的身体論。最も身近で未知なる宇宙「身体」について、多彩な角度からその神秘と英知を語り尽くす。そして、緊張・ストレス・不眠・肩こり・加齢・断食など、人々から寄せられる様々な質問に、ひとつひとつ具体的な対処法を呈示する。
(ガイド瞑想CD "Talking to your Body and Mind" 付)

■ A5判変型・並製　256頁　¥2,400（税別）
送料¥380

数秘&タロット

わたしを自由にする数秘
本当の自分に還るパーソナルガイド
著／マンガラ・ビルソン

[誕生日ですぐわかる目覚めを促す数の世界]
<内なる子どもとつながる新しい数秘>
誕生日で知る幼年期のトラウマからの解放と自由。同じ行動パターンを繰り返す理由に気づき、あなた自身を解放する数の真実。無意識のパターンを理解し、その制約からあなたを自由にするガイドブック。

(個人周期のチャート付)

<内容>●条件付けの数—成長の鍵
●条件付けと個人周期数—ヒーリングの旅　他

■ A5判並製　384頁　¥2,600（税別）　送料¥380

直感のタロット—意識のためのツール
人間関係に光をもたらす実践ガイド
著／マンガラ・ビルソン

[アレイスター・クロウリー トートタロット使用]
<あなたの直感が人生の新しい次元をひらく>
意識と気づきを高め、自分の直感を通してカードを学べる完全ガイド本。初心者にも、正確で洞察に満ちたタロット・リーディングができます。カードの意味が短く要約されたキーワードを読めば、容易に各カードの象徴が理解できるでしょう。

<内容>●タロットで直感をトレーニング
●「関係性」を読む　●「チャクラのエネルギー」を読む　他

※タロットカードは別売です。

■ A5判並製　368頁　¥2,600（税別）　送料¥380

● OSHO Times 1冊／￥1,280（税別）／送料　￥250
■郵便振替口座：00170-4-763105
■口座名／（株）市民出版社　TEL／03-3333-9384

・代金引換郵便（要手数料￥300）の場合、商品到着時に支払。
・郵便振替、現金書留の場合、代金を前もって送金して下さい。

発売／（株）市民出版社
www.shimin.com
TEL.03-3333-9384
FAX.03-3334-7289

< OSHO 瞑想 CD >

ダイナミック瞑想

全5ステージ
60分

◆デューター

¥2,913（税別）

生命エネルギーの浄化をもたらすOSHOの瞑想法の中で最も代表的な技法。混沌とした呼吸とカタルシス、フゥッ！というスーフィーの真言《マントラ》を、自分の中にとどこおっているエネルギーが全く残ることのないところまで、行なう。

クンダリーニ瞑想

全4ステージ
60分

◆デューター

¥2,913（税別）

未知なるエネルギーの上昇と内なる静寂、目醒めのメソッド。OSHOによって考案された瞑想の中でも、ダイナミックと並んで多くの人が取り組んでいる活動的瞑想法。通常は夕方、日没時に行なわれる。

ナタラジ瞑想

全3ステージ
65分

◆デューター

¥2,913（税別）

自我としての「あなた」が踊りのなかに溶け去るトータルなダンスの瞑想。第1ステージは目を閉じ、40分間とりつかれたように踊る。第2ステージは目を閉じたまま横たわり動かずにいる。最後の5分間、踊り楽しむ。

ナーダブラーマ瞑想

全3ステージ
60分

◆デューター

¥2,913（税別）

宇宙と調和して脈打つ、ヒーリング効果の高いハミングメディテーション。脳を活性化し、あらゆる神経繊維をきれいにし、癒しの効果をもたらすチベットの古い瞑想法の一つ。

チャクラ サウンド瞑想

全2ステージ
60分

◆カルネッシュ

¥2,913（税別）

7つのチャクラに目覚め、内なる静寂をもたらすサウンドのメソッド。各々のチャクラで音を感じ、チャクラのまさに中心でその音が振動するように声を出すことにより、チャクラにより敏感になっていく。

チャクラ ブリージング瞑想

全2ステージ
60分

◆カマール

¥2,913（税別）

7つのチャクラを活性化させる強力なブリージングメソッド。7つのチャクラに意識的になるためのテクニック。身体全体を使い、1つ1つのチャクラに深く速い呼吸をしていく。

ノーディメンション瞑想

全3ステージ
60分

◆シルス&シャストロ

¥2,913（税別）

グルジェフとスーフィのムーヴメントを発展させたセンタリングのメソッド。この瞑想は旋回《ワーリング》瞑想の準備となるだけでなく、センタリング《中心を定める》のための踊りでもある。3つのステージからなり、一連の動作と旋回、沈黙へと続く。

グリシャンカール瞑想

全4ステージ
60分

◆デューター

¥2,913（税別）

呼吸を使って第三の目に働きかける、各15分4ステージの瞑想法。第一ステージで正しい呼吸が行われることで、血液の中に増加形成される二酸化炭素がまるでエベレスト山の山頂にいるかのごとく感じられる。

ワーリング瞑想

全2ステージ
60分

◆デューター

¥2,913（税別）

内なる存在が中心で全身が動く車輪になったかのように旋回し、徐々に速度を上げていく。体が自ずと倒れたらうつ伏せになり、大地に溶け込むのを感じる。旋回を通して内なる中心を見出し変容をもたらす瞑想法。

ナーダ　ヒマラヤ

全3曲
50分28秒

◆デューター

¥2,622（税別）

ヒマラヤに流れる白い雲のように優しく深い響きが聴く人を内側からヒーリングする。チベッタンベル、ボウル、チャイム、山の小川の自然音。音が自分の中に響くのを感じながら、音と一緒にソフトにハミングする瞑想。